PERMANENTLY WITHDRAWN
FROM
HAMMERSMITH AND FULHAM
PUBLIC LIBRARIES

PRICE
20p

MEMORIA de la HISTORIA

Episodios

Memoria de la Historia pretende ofrecer a los lectores la Historia contada por quienes la hicieron, por los mismos *personajes* que en vez de figurar en las páginas de los libros como objeto pasivo, adquieren voz y nos cuentan su vida y su peripecia en primera persona. La Historia como una novela personal, autobiográfica, en la que todo lo que aparece en estas páginas es verdad, con hechos ciertos y comprobados, pero que se presentan con la inmediatez y el dramatismo que da al relato la voz del protagonista, supuesto historiador de sí mismo gracias a la pluma de unos escritores que consiguen el difícil y apasionante equilibrio entre los materiales de la crónica, tratados con el máximo respeto, y el enfoque que corresponde a la más amena de las narraciones novelescas. Otra vertiente de estas semblanzas es la evocación de *episodios* del pasado en tercera persona con todo el rigor que exige el trabajo del historiador y la amenidad de la novela.

Éste es el objetivo de una colección que aspira a fundir lo más atractivo que pueden ofrecer la historia y la literatura.

América y sus enigmas
(y otras americanerías)

Torcuato Luca de Tena
América y sus enigmas
(y otras americanerías)

Planeta

COLECCIÓN MEMORIA DE LA HISTORIA/70
Dirección: Rafael Borràs Betriu
Consejo de Redacción: María Teresa Arbó, Antonio Padilla,
  Marcel Plans y Carlos Pujol

© Torcuato Luca de Tena, 1992
© Editorial Planeta, S. A., 1992
  Córcega, 273-279, 08008 Barcelona (España)
Ilustración al cuidado de Antonio Padilla
Diseño colección y cubierta de Hans Romberg
Ilustraciones cubierta: retrato de Cristóbal Colón,
  monasterio de La Rábida, Huelva (foto AISA), y
  «Los Reyes Católicos reciben a Cristóbal Colón»,
  detalle de los azulejos de la plaza de España,
  Sevilla (foto Firofoto)

Procedencia de las ilustraciones: Archivo Editorial
  Planeta

Primera edición: octubre de 1992
Depósito Legal: B. 33.248-1992
ISBN 84-08-00122-1
Composición: Fotocomp/4, S. A. (Aster, 10/11)
Papel: Offset Munken Book, de Munkedals AB
Impresión: Duplex, S. A., Ciudad de Asunción, 26,
  int., D, 08030 Barcelona
Encuadernación: Auxiliar Gráfica JIRO, S. A.
Printed in Spain - Impreso en España

Índice

13 Primera parte/Los enigmas de América
15 I/Profecías antiguas y medievales del descubrimiento de América
La asombrosa profecía de Séneca • Sorprendente intuición de Raimundo Lulio • Dante Alighieri encuentra a Ulises en el infierno • Ulises describe, siglo y medio antes, el periplo colombino • La Divina comedia *lo relata • La memoria yacente de otra memoria*
21 II/Celtas, tartesos, fenicios
Inscripciones en lengua ibera y grafismos celtas en Estados Unidos y Paraguay • Tartesos en la Biblia • Las colonias fenicias en Tartesos • Tartesos en América • «Marineros de Cádiz explorando»
27 III/La falsa Vinlandia del falso mapa de Yale
«El primer mapa de América tal como fue diseñado por los navegantes nórdicos que la descubrieron» • El autor de América y sus enigmas *fue el primero en denunciar la superchería • La Universidad de Yale reconoce su error • La* Navigatio Sancti Brandani *y las sagas vikingas*
35 IV/La verdadera historia de las navegaciones vikingas
Fundación de Rusia • Cerco a París y a Bagdad • Conquista de Islandia • Descubrimiento y fundación de colonias pesqueras en Groenlandia • Descalabro de las colonias vikingas groenlandesas fundadas por Erik el Rojo • En Historia todo cuanto no está probado es hipótesis
41 V/Sánchez de Huelva, ¿mito o realidad?
La sospechosa seguridad de Cristóbal Colón • El naufragio de Sánchez de Huelva en tierras desconocidas • Seis supervivientes regresan a la Gomera •

Doña Inés de Peraza, señora de las Canarias, acoge en su casa al piloto • Sánchez de Huelva muere en brazos de Colón y hereda sus datos náuticos • Partidarios y detractores de esta historia

49 VI/Luis de Santángel
Fracasos diplomáticos de Cristóbal Colón frente al rey de Portugal, el duque de Medinaceli y los Reyes Católicos • Viaje a Francia a caballo para ofrecer sus servicios a aquel rey • Interviene Santángel, sufraga la expedición y salva para España la gloria del Descubrimiento

57 VII/El crepúsculo de la Edad Media
Influencia del Libro de las Maravillas *en las creencias de Cristóbal Colón • Los hombres-canes, los hombres de un solo ojo en la frente y el globo de Martín Behain • Colón descubre el paraíso terrenal, sirenas en altamar, la variación de la aguja magnética y la imperfecta esfericidad de la Tierra • Zarpa de las orillas de la Edad Media y regresa a las costas de la Edad Moderna*

65 VIII/La literatura de testimonio en los albores de América
Relación de los escritos colombinos acerca de sus descubrimientos: su pérdida o su localización • Mística, picaresca y literatura de testimonio, los grandes géneros españoles • Colón primer cronista de Indias

71 IX/La carta a Santángel
Diez ediciones en un año • Ediciones de Barcelona, Amberes, Basilea, París, Roma, Florencia, Estrasburgo y Valladolid • Conmoción universal • Los reyes están en Barcelona • Colón viaja con un circo ambulante a la Ciudad Condad • Texto y relato de la gran aventura

83 X/En los albores del Neolítico
El enigma de los primeros pobladores • Insuficiente la hipótesis del estrecho de Behring • Los kontiquis del Neolítico • Múltiples migraciones asiáticas • Ninguna posterior al Neolítico • ¿Hubo migraciones africanas? • Primera circunvalación de la Tierra por la especie humana

91 XI/Los pobladores del mar
El Tíbet, la India, Malasia, China, Australia, etapas de la migración maya en la ficción literaria • Mela-

nesia, Micronesia y Polinesia, otras etapas de la migración • *El misterio de la isla de Pascua* • «*Yo soy el hocico del perro que rastrea las huellas del tiempo, el ojo de los muertos, la oreja de los dioses*»

101 XII/La flecha de la cultura
América no tuvo Edad Media • *La magna expedición culturalizadora de Nicolás de Ovando* • *Santo Domingo y Cuba, cunas de América* • *La flecha en la evolución biológica y en la expansión cultural* • *Trayectoria de la flecha: Grecia, Roma, España, América*

107 Segunda parte/La historia sumergida
109 I/La cuna de América
La fortaleza marítima de Nicolás de Ovando en Santo Domingo • *La casa plateresca de los Colón* • *El río Ozama, Guadalquivir de América* • *La República Dominicana emprende la búsqueda de los galeones hundidos en sus costas* • *Una ciencia llamada arqueología submarina*

113 II/El naufragio de la escuadra de 1641
El puerto mexicano de Acapulco y el galeón de Manila • *En el de Veracruz confluyen las flotas para el comercio de Perú, Colombia, México y Asia con Europa* • *Una escuadra de treinta navíos hundida con ochocientos cuarenta y nueve kilos de oro e innúmeras riquezas* • *Los ingleses saquean los restos sumergidos* • *La República Dominicana firma un acuerdo con Estados Unidos para descubrir el resto de los tesoros*

119 III/El rescate del *Concepción*
¿Qué son los «pecios»? • *El archivo de Indias imprescindible para los hallazgos* • *La Historia, primero; los magnetómetros, después* • *Encuentro de las monedas de plata acuñadas en las cecas mexicanas* • *Una alucinante fuente de añil* • *Vajillas chinas; un contrabando de oro descubierto tres siglos y medio después*

125 IV/Técnicas empleadas en los rescates arqueológicos bajo el mar
Facultades universitarias de Estados Unidos en la especialidad de la arqueología marina • *Los planos del pecio* • *Los técnicos de la superficie* • *Buceado-*

res de cuadrículas • El magnetómetro de superficie • Detector de metales en profundidad • Lanzavientos y aspiradoras submarinas • Canastas inyectadas de aire para que asciendan

133 V/El azogue del rey (1)
Más de un millar de perlas atrapadas por los corales, descubiertas • El pecio del galeón Conde de Tolosa • De nuevo el archivo de Indias fuente de los hallazgos • Una cascada de mercurio

137 VI/El azogue del rey (2)
El mercurio embarcado en Cádiz para la minería de México y Perú, no llega a su destino • Un cañón y su artillero abrazados en el fondo del mar • Por los botones de su casaca incrustados en el esqueleto se descubre su identidad • Se descubren las bulas concedidas por el papa Inocencio XIII • Lagos de mercurio bajo el fondo del mar

141 VII/Noticia de Juan de Aguado
Colón, gran navegante, pésimo gobernante • Primer enfrentamiento americano entre poder civil y eclesiástico • Misteriosa misión de un criado de la reina • Bobadilla apresa a Colón y lo manda a España • Los reyes se escandalizan y le colman de honores

147 VIII/El último viaje colombino
En búsqueda de las cuatro únicas naves hundidas del cuarto viaje de Colón • Los caribes de Jamaica devoran a la tripulación de salvamento • Diego Méndez salva al descubridor de América • Nicolás de Ovando prohíbe al almirante entrar en Santo Domingo • Colón anuncia el hundimiento de una flota dispuesta a zarpar • Fallece Isabel de América

153 IX/Hundimiento de la armada de Bobadilla
Miguel García descubre una pepita de oro «grande como una hogaza de Utrera» • Nicolás de Ovando la manda a los reyes en la armada comandada por Bobadilla para su regreso • La profecía de Colón se cumple, las treinta naves de Bobadilla se hunden con un tifón, cien mil pesos de oro y la pepita de Miguel García la mayor descubierta en el mundo • Los pecios de los treinta galeones no han sido hallados

157 X/Un posesivo que obliga
El Atlántico fue para España un «Mare Nostrum» como para los romanos su «Mediterráneo» • Los

corsarios y los tiburones, primeros enemigos de los rescates españoles • *Hoy Estados Unidos aventaja a Inglaterra y a España en las técnicas descubridoras* • *Una voz de aliento para que España mejore sus técnicas de arqueología submarina*

161 Tercera parte/Otras americanerías (Cortés)
163 I/El océano Pacífico y los vascos
Francisco Aguirre primer alcalde de Santiago de Chile • *El globo terráqueo le dice a Elcano «Primus circumdediste me»* • *Legazpi y las Filipinas* • *Urdaneta y las corrientes del mar del Sur* • *Guetaria, Zumárraga y Villafranca de Guipúzcoa cunas de navegantes* • *La eterna tumba de Elcano fue el mar*
169 II/Cortés y sus envidiosos
Los grandes intelectuales mexicanos (José Varconcelos, Carlos Pereyra, Alfonso Reyes, Alfonso Junco, Francisco Fernández del Castillo, Octavio Paz) consideran a Cortés el padre de la nacionalidad mexicana • *Cortés, superior a Alejandro o Julio César* • *Ingratitud de los mexicanos de hoy y olvido de los españoles de siempre*
173 III/Breve gavilla anecdótica de Hernán Cortés
Explorador, estratega, urbanista, minero, diplomático, gobernante y escritor • *Los lenguas de Hernán Cortés: doña Marina y Jerónimo de Aguilar* • *Guerra de cempoalis, totonacas, tlaxcaltecas y españoles, contra aztecas* • *¿Cortés uxoricida?* • *El marquesado del Valle de Oaxaca y la capitanía general de México bajo el mando de otro virrey*
189 IV/De nuevo los mayas
Yucatán, el hábitat abandonado • *Los mayas y la estética personal: deformación del cráneo, los ojos, las orejas y los dientes* • *El premio al campeón del juego de pelota* • *Las pirámides matemáticas y astronómicas* • *El invento del «antinúmero»*
195 V/La «Biblia maya» y el *Popol Vuh* cristiano
Semejanzas del Génesis maya al bíblico • *Tres dioses que son un solo Dios* • *El Fiat Lux!» y el Diluvio en la literatura escatológica maya* • *El ángel caído de los mayas anteriores a la creación del hombre* • *Descubrimiento del* Popol Vuh *en Chichicastenango de Guatemala por el dominico fray Francisco Jiménez*

201 VI/Las Canarias, casi América
El guanche canario y el guaganche caribeño • Colón: «No son negros como los de Guinea sino del color de los canarios» • Las Canarias, archipiélago desgajado de América • El mar de los Argazos, jardines flotantes de la Atlántida sumergida

205 VII/Colón: el enigma de los enigmas
Toda América es enigma • Voluntariedad del almirante en ocultar sus orígenes • ¿Colón judío, pirata, humilde comerciante, de estirpe de los reyes de Aragón? • El enigma del sepulcro • Cartuja de Santa María de las Cuevas • Catedrales de Santo Domingo, La Habana y Sevilla

215 Índice onomástico

Primera parte

Los enigmas de América

I. PROFECÍAS ANTIGUAS Y MEDIEVALES DEL DESCUBRIMIENTO DE AMÉRICA

En el año 45 de nuestra era, Lucio Anneo Séneca, el gran filósofo, escritor y político cordobés —maestro, primero, y ministro universal, después, del emperador Nerón— escribió su famosa tragedia *Medea* en la que hace decir a uno de sus personajes esta frase profundamente misteriosa y profética:

«Vendrán en los tardos años del mundo ciertos tiempos, en los cuales, el mar océano aflojará los atamientos de las cosas y se abrirá una tierra inmensa: y un nuevo marinero, como aquel que fue guía de Jasón (el jefe de los argonautas) descubrirá un nuevo mundo. Ya no será entonces la isla Thule la postrera de la Tierra.»

Mil quinientos años después, Cristóbal Colón, ya viejo, se sintió estremecido al leer este texto latino del siglo uno, y viendo reflejada en esa frase su formidable epopeya, y sintiéndose él mismo retratado, señalado, profetizado, en ese «marinero que descubrirá un Nuevo Mundo» tradujo el texto al castellano, tal como acabo de citarlo. En los últimos años de su vida, Colón, muy achacoso, y algo perturbado, que creía haber hallado el paraíso terrenal en la desembocadura del Orinoco durante su cuarto viaje, como veremos en otro lugar, se consideraba un hombre predestinado por Dios para culminar la hazaña del descubrimiento y cristianización del nuevo continente. Hasta su nombre, «Cristóbal» —el titán que llevó al niño Dios sobre las aguas— le parecía una premonición. ¿Y quién que hubiese culminado una hazaña como la suya, no se sentiría tentado de creerse señalado por Dios para la realización de tal empresa? Profecías como la de Séneca, opiniones de filósofos, recuerdos perdidos en la noche de los tiempos de otros viajes, místicos o no, y transformados en leyendas, coadyuvaban poderosamente a ello.

Porque es de saber que, tanto en la Edad Antigua como en la Media, existía en los espíritus privilegiados una suerte de añoranza, de presentimiento, por un continente anhelado bien que desconocido. La Tierra no estaba completa sin él. Nuestro globo era como un gran rompecabezas al que le faltaba una de sus piezas más importantes. Aparte del de Séneca, otro de los ejemplos más asombrosos, es esta frase que escribió en el siglo XIII, el beato, polígrafo y filósofo balear Raimundo Lulio —Ramon Llull, como se dice en su lengua mallorquina— al estudiar el fenómeno de las mareas: «Siendo la tierra esférica —escribe Llull—, se forma en nuestro mar un dilatado arco de agua que, estribando por una parte en las costas occidentales de Europa y África, y por otra en un continente que se supone haber en las regiones opuestas del Occidente...» debe de producir en tan vasta superficie estas alteraciones de la mar. ¡Un continente que se supone haber en las regiones opuestas del Occidente! ¿No es sorprendente leer esto en un hombre del siglo XIII?

No obstante, lo que hoy llamamos América, el continente desconocido, y a pesar de ello intuido, deseado, por la antigüedad, es en la *Divina comedia*, de Dante, más concretamente en el canto XXVI de «El Infierno» donde adquiere una realidad casi plástica.

Como es sabido, el argumento de esta obra inmortal, consiste en el recorrido que hace el propio autor, Dante Alighieri, conducido de la mano por el espíritu del divino Virgilio, a través del cielo, el purgatorio y el infierno, donde conversa con muchos de los condenados. Muy lejos queda ya la puerta del Averno con su famoso cartel: «Perded toda esperanza de salir vosotros los que entráis aquí», cuando súbitamente descubren, nada menos que a Ulises, el héroe legendario de la *Odisea*, convertido en una llama de fuego que oscila como agitada por un viento huracanado. Al verle, a Dante le acucia la curiosidad de averiguar cómo, dónde y cuándo acabó sus días el héroe fabuloso, ya que Homero olvidó relatarlo. De suerte que por mediación de Virgilio, le pregunta «dónde fue a morir llevado de su valor». La asombrosa respuesta de Ulises, cuya voz, según Dante Alighieri, lanzaba sonidos crepitantes como una lengua de fuego que hablara fue:

«Ni la piedad debida a un padre anciano —dice Ulises— ni el amor mutuo que debía hacer dichosa a Penélope, pudieron vencer el ardiente deseo que tuve de conocer el mundo.» «Así que me lancé por el abierto mar sólo con un navío y con los pocos compañeros que nunca me abandonaron.» «Vi entrambas costas, por un lado hasta España, por otro hasta Marruecos.» «Mis compañeros y yo nos habíamos vuelto viejos y pesados cuando llegamos a la estrecha garganta donde plantó Hércules las dos columnas para que ningún hombre pasara más adelante.» «Dejé Sevilla a mi derecha como ya había dejado Ceuta a mi izquierda...» «¡Oh, hermanos —les dije— que habéis llegado a Occidente a través de cien mil peligros!, ya que tan poco os resta de vida no os neguéis a conocer el mundo sin habitantes que se encuentra siguiendo la ruta del sol. Y volviendo la popa hacia el Oriente (es decir, la proa hacia Occidente) hicimos alas de nuestros remos para seguir tan desatentado viaje, inclinándonos siempre un poco hacia la izquierda.»

«La noche —continúa Ulises— veía ya brillar las estrellas del otro polo, y estaba el nuestro tan bajo que apenas parecía salir fuera de la superficie de las aguas.»

«Cinco veces se había encendido y apagado la luz de la luna desde que entramos en aquel gran mar, cuando apareció una montaña oscurecida por la distancia... Entonces se levantó de aquella tierra un torbellino que se lanzó contra la proa de nuestro buque; tres veces lo hizo girar juntamente con las encrespadas olas, y a la cuarta levantó la popa y sumergió la proa... hasta que el mar volvió a cerrarse sobre nosotros.»

Es radicalmente asombroso que nadie haya caído en la cuenta que la descripción de la tierra a la que llegan tras este viaje no es otra que América. Están todos los datos. Viniendo desde el interior del Mediterráneo, cuando ve a un lado España y a otro Marruecos es porque se está acercando al estrecho de Gibraltar. Las dos columnas de Hércules que plantó el héroe legendario, una sobre Europa y otra sobre África con un cartel que decía Non Plus Ultra —No hay más allá— es ya el propio estrecho. Cuando deja Sevilla a un lado y Ceuta a otro, ya se está adentrando en el mar tenebroso. La dirección que toman es ligeramente a la izquierda, es decir hacia el Suroeste, apuntando a Brasil. La duración del viaje es de cinco lunas. La del periplo Colombino fue de tres. En efecto, cuando Rodrigo de Triana desgarró su garganta con aquel «¡Tierra, tierra!», tan virilmente voceado, que aún hoy, al cabo del tiempo, estremece nuestros oídos, las naves españolas habían visto rielar el claror de las aguas con las lunas de agosto, septiembre y octubre. ¿No es pasmoso que el Dante intuyera cinco lunas para una nave forzosamente más tarda como lo sería la de Ulises por mucho que alardeara de haber hecho alas de sus remos?

Las estrellas del otro polo, es decir, del otro hemisferio, del hemisferio meridional, a que se refiere Ulises, no son otras que las que forman la constelación llamada Cruz del Sur, que ya se ven brillar a los siete grados Norte, muy poco por encima de la línea ecuatorial. Pues bien. Situándonos a siete grados Norte y a la vista de tierra, los únicos grandes montes que existen son los de Tumuc Humac que forman la frontera natural de Brasil con la Guayana francesa y que, por cierto, están situados en la distancia más corta de Europa, medida desde el estrecho de Gibraltar. ¡La gloria del legendario Ulises no fue tanto haber descubierto literariamente el continente deseado —tercamente intuido desde la antigüedad— como haber tenido a Dante Alighieri por fabulador, cronista de Indias, redactor de sus cuadernos de bitácora y capitán.

Con todo lo dicho, se me hace muy arduo pensar que tantas y tan perfectas precisiones, como las que cita el Dante de este predescubrimiento de América, puedan surgir en la mente de un hombre con la sola ayuda de la imaginación. Podrá argumentarse que se inspiró en la profecía de Séneca: el descubrimiento de un mundo nuevo..., más allá de la isla Thule —que, por cierto, es Islandia—. Pero ¿y a Séneca, quién o qué le inspiró?

Vamos a demostrar que desde siglos remotísimos existía la memoria yacente de otros viajes anteriores. Digamos, *una memoria de otra memoria*, como si un árbol recordara al árbol que produjo la semilla de la que él nació. ¿Viajes a este continente que hoy llamamos América —podrán argüir los escépticos—, anteriores al colombino? ¿Anteriores al que se afirma que hicieron los vikingos? ¿Anteriores a Cristo, como lo presupone la leyenda que Dante pone en boca de Ulises?

Responder a estas preguntas nos obligará a detenernos en el relato de otros viajes, míticos o no —mas todos plausibles, inquietantes, subyugantes—, como los que incluimos en los capítulos que siguen.

II. CELTAS, TARTESOS, FENICIOS

Hubo, sí, otros viajes auténticos al continente desconocido cuya certidumbre es tan evidente como vaporoso e incierto el cómo y el cuándo de su realización: aquellos cuya prueba está en el hecho de que ya estaba habitada América cuando los españoles llegaron a sus costas. Lo obvio salta a la vista, cae por su peso. Si el continente interoceánico estaba entonces poblado es porque otros llegaron antes.

Mas estos desplazamientos anteriores al que llamamos Descubrimiento español no pudieron dejar huella alguna ni en la leyenda ni en la tradición que justifiquen las admirables profecías e intuiciones de Séneca, Lulio o Dante Alighieri a que nos hemos referido en el capítulo precedente. Y esto por dos razones:

    1. Porque acontecieron en épocas ahistóricas.

    2. Porque fueron migraciones definitivas: viajes sin retorno. Los que llegaron, poblaron y no volvieron. Nuestras fuentes históricas *no* fueron holladas por nadie que lo pudiese contar.[1]

Y las que pasamos a contar *sí* dejaron —o pudieron dejar— esta huella en la menuda arena de la Historia, por feble que quedara tras el ir y venir de las olas con la resaca del tiempo.

La que paso a relatar es tan fascinante por su vero-

---

1. Casos, ambos, de los que nos ocuparemos en el capítulo que titulamos «En los albores del Neolítico».

similitud como por el proceso investigador, muy reciente, que condujeron a un resultado concreto.

La narración de los hechos comienza por el hallazgo en el primer cuarto de este siglo, en unas grutas de Estados Unidos, de unas extrañas inscripciones que los espeleólogos norteamericanos que las descubren no entienden lo que puedan significar. Vayamos por lo breve. Investigadores de diversas universidades las estudian y llegan a la conclusión de que son, en efecto, obra humana; que están talladas a fuerza de mazo y cincel sobre el paramento rocoso; y que tienen toda la apariencia de una escritura, ya que no representan animales, como las de Altamira en España o las cuevas de la Madelaine, en Francia, sino figuras geométricas cual pequeños ángulos, rombos, cruces, puntos, rayas y aspas. En cualquier caso son indescifrables; y no prueban otra cosa sino que aquellas cuevas estuvieron habitadas, permanente o esporádicamente, por hombres primitivos. Pasan los años e incluso las décadas y otros signos iguales van apareciendo en otros lugares. Hasta que llegó un día en que un profesor de lenguas muertas afirmó que aquellos signos pertenecen al alfabeto céltico en una de sus variantes más primitivas: el «ogam», que carece de vocales y se lee de derecha a izquierda, cosa que corroboran inmediatamente otros expertos; pero los textos están escritos en un idioma tal, que ninguno de ellos conoce, del mismo modo que un sueco no entendería un texto escrito en portugués, por mucho que ambas lenguas se escriban con los mismos caracteres. Ante la pasmosa realidad de que aquellos grafismos son celtas, y la imposibilidad de entender cómo, por qué y desde cuándo se encuentran allí, recaban la colaboración del sabio neozelandés Barry Fell, la más alta autoridad actual en lenguas muertas, quien confirma que, en efecto, el alfabeto es celta y que el idioma en que están escritas las inscripciones es el ibero, bien que con muchas expresiones semitas. Barry Fell ha traducido desde entonces más de ciento cincuenta inscripciones. Voy a referirme sólo a las más estremecedoras, como ésta: VIAJEROS DE TARSIS, ESTA PIEDRA PROCLAMA.

¡Oh Dios! Tarsis, Tartesos, decenas de veces citado

por el griego Herodoto y diecisiete veces en la Biblia, fue un imperio comercial, situado en la península Ibérica, que abarcaba desde Cartagena en el Mediterráneo hasta el Alentejo portugués en el Atlántico, pero cuyo centro político era la cuenca del Guadalquivir. Tartesos, el primer imperio unificado de Europa, fundado en las postrimerías de la Edad del Bronce, la monarquía del rey Argantonio, famoso por sus viajes a la Europa septentrional en busca de estaño y al África Central en busca de marfil. En territorio tarteso, los fenicios establecieron dos colonias, Malaca y Gedeth, que hoy en día son Málaga y Cádiz, lo que explica las influencias semíticas en la lengua ibera de que habla Barry Fell, ya que ambas ciudades son puertos de mar, y los únicos de donde pudieron zarpar esas naves para tan audaz periplo. Lo que viene confirmado por esta pasmosa traducción de lo que está grabado en una inmensa laja de piedra, a 1 600 kilómetros de la costa, en una de las orillas del río Paraguay, que era, y es, navegable:

ESTA INSCRIPCIÓN —dice el propio texto— FUE GRABADA POR MARINEROS DE CÁDIZ, EXPLORANDO.

Hay que sacudirse varias veces la cabeza, al leer esto, como perrillos falderos, empapados por la lluvia de nuevas tan asombrosas.

Otros de los textos son oraciones a Baal, «el abominable dios de los fenicios» —según palabras del profeta Elías—, del que existen numerosos testimonios de que, por influencia fenicia, se le rendía culto en el sur de España. Al leer el libro *América antes de Cristo* (cuya edición más próxima en español es la de Editorial Diana en México), y en el que su autor Barry Fell relata sus fascinantes experiencias, tuve curiosidad de buscar en la Biblia cuantas citas pudiera, referentes a Tartesos. Encontré diecisiete, tres de las cuales se referían a su potencia marinera. Vale la pena citarlas: una de ellas está en el versículo 6 del salmo 48, donde el salmista le dice a Jehová que es tan poderoso que hasta TÚ QUIEBRAS LAS NAVES DE TARSIS CON EL VIENTO SOLANO.

La segunda referencia está en Jonás (Libro I, versículo 3). Dice así:

Y JONÁS SE LEVANTÓ PARA HUIR A TARSIS DE LA PRESENcia de Jehová. Y descendió hasta Joppa donde halló una nave de Tarsis, y pagando su pasaje entró en ella para irse con ellos lejos de la presencia de Jehová. ¡Y tan lejos, como que en Tarsis o Tartesos a quien se adoraba era a Baal, el abominable dios de los fenicios, como citó el profeta Elías!

La tercera referencia está en el Libro de los Reyes y reza de esta manera:

Una vez cada tres años venía la flota de Tarsis y traía oro, plata, marfil, monos y pavos reales. Así excedía el rey Salomón a todos los reyes de la tierra en riquezas y sabiduría.

Queda probado con lo dicho que las naves comerciales de Tartesos constituían verdaderas flotas; que para cruzar el Mediterráneo de parte a parte había que embarcar en ellas; que eran las proveedoras de riquezas del rey Salomón... y que eran, en fin, tan poderosas, que para ensalzar la gloria de Yahvé se dice que, incluso era más fuerte que ellas, puesto que hasta hundirlas podía con el viento solano o de Levante: elogio indirecto que no se hace en la Biblia respecto a ninguna otra flota de ningún otro país.

Convengamos que los descubrimientos de Barry Fell, para aseverar que los tartesos conocían el continente interoceánico sin saber, por supuesto, que era un continente nuevo, está avalado por ser esta nación la que poseía la flota más numerosa y poderosa del mundo antiguo; por ser célebres sus navegaciones comerciales por África y Europa del Norte; por estar escritas en ibero (la lengua de los tartesos) las inscripciones halladas al norte y al sur de este continente... y hasta por esas malformaciones semíticas, justificadas por las dos colonias fenicias, Málaga y Cádiz, enclavadas en sus costas.

Mas yo quisiera añadir otro argumento, bien que no puedo situarlo más que en el mundo de las conjeturas. Pero una conjetura tan bella como plausible. ¿No dijimos antes que, en toda la Edad Antigua, e incluso en la Media, quedó subyacente (en el subconsciente, digamos, de las generaciones) la idea, la vivencia, o si se quiere la premonición de un continente interoceánico, que se encontraba siguiendo desde Europa la ruta del sol? Y si esto es así, como lo prueban los ejemplos expuestos de Séneca, Raimundo Lulio y Dante Alighieri, ¿dónde se conservaría más nítida esta tradición, si así puede llamarse, o esta «memoria de otra memoria» si no es en la propia tierra de donde partieron las expediciones comerciales interoceánicas en busca de estaño? Pues bien: no olvidemos que Séneca —el primero que habló de ello— era de Córdoba, ciudad ribereña del Guadalquivir, y enclavada, por tanto, en el corazón mismo del territorio donde diez siglos antes floreció, esplendoroso, el imperio comercial y marinero de los tartesos.

Considéreme, quien me lea, como un expositor, no como un investigador ni defensor de un tema. Mis modestos conocimientos no alcanzan al de las lenguas muertas ni a su escritura. Quien desee ampliar sus conocimientos sobre esta revelación debe ir a sus fuentes, a las que me remito.[2] Mas este testimonio, de ser veraz, arrojaría no poca luz sobre la audacia de Séneca al aventurarse a afirmar la existencia de un mundo nuevo, más allá de los mares conocidos.

2. Barry Fell, *America before Christ*; primera traducción al español, *América antes de Cristo*, Editorial Diana, México, 1984.

III. LA FALSA VINLANDIA DEL FALSO MAPA DE YALE

Otro de los mil y un descubrimientos de América, tal vez el más polémico, por ser el que más adeptos tiene a pesar de no haber sido probado jamás, es el de los vikingos, supuestamente realizado por un tal Erik el Rojo, en el siglo XII. Pruebas sí han sido argüidas, pero o eran falsas —como veremos en seguida— o tan vagas e imprecisas que carecían de consistencia. Y conviene advertir que en la ciencia llamada Historia, todo lo que no está fehacientemente probado, o es hipótesis histórica, lo cual es lícito, o es superchería, lo cual ya no lo es tanto, pero nunca Historia en sentido estricto. Y éste era desde hace siglos el estado de la cuestión respecto a este pretendido descubrimiento, cuando súbita, inesperadamente, el 12 de octubre —fíjense ustedes bien en la fecha— el 12 de octubre, repito, de 1965, los diarios y revistas más importantes de Estados Unidos y Gran Bretaña, publicaron grandes desplegables comerciales en los que se proclamaba que había sido encontrada, al fin, la prueba de que América fue descubierta por los vikingos. Lo que hasta entonces era una hipótesis generalmente aceptada, ya era un hecho histórico indudablemente comprobado. La prueba se encontraba —según decía esta publicidad comercial— en una obra titulada *The Vinland Map and the Tartar Relation*, recién editada por la Universidad de Yale, y de la que eran autores los profesores Marston y Painter, en colaboración con el experto en cartografía medieval del Museo Británico, señor Skelton, en la que se contenía —cito textualmente— «el primer mapa de América tal y como fue diseñado por los navegantes nórdicos que la descubrieron».

Y aconteció entonces un movimiento de repulsa, puesto que los alemanes pusieron el grito en el cielo porque, según ellos, la gloria del descubrimiento corresponde al teutón Dietrich Pinning, tal como consta, sin que haya sido jamás corregido o modificado, en la Enciclopedia de Leipzig; los polacos afirmaron que no podían ser los vikingos, ya que el verdadero descubridor fue su compatriota Jan de Kolmo, según afirma sin perder la calma, Justin Windsor, antiguo bibliotecario de Harvard, la gran Universidad estadounidense competidora, con la de Yale, en los estudios superiores y en los dislates históricos; los franceses defendieron, sin sonrojarse, la tesis de que el único descubridor fue Jean Coussin, que llegó a las costas de Brasil en 1488; el conde Eigil Knuth afirmó —y en ello no iba desencaminado— que fueron los fenicios; Frölich Rainer, director del Museo de Filadelfia, que fueron los japoneses; Mario Gatonni Celli, que fueron los etruscos; Herbert Fineman, que fueron los hebreos. Hasta los portugueses, que no necesitan en esto de los descubrimientos adornarse con plumas ajenas, pues fueron en su día los más grandes navegantes del medioevo, reclamaron este honor para sí, atribuyendo el descubrimiento al lusitano Corte Real, y los irlandeses desempolvaron la vieja tradición de los viajes por unas tierras de Occidente, que no podían ser otras que lo que hoy llamamos América, realizados en el siglo VI por san Barandán. Yo me limité a afirmar —en un artículo que dio la vuelta al mundo, no por méritos de quien lo escribió, sino por la autoridad de aquellos con los que polemizaba— que el tal mapa de América descubierto al alimón por el Museo Británico y la Universidad de Yale era falso.

¿Cómo me atreví, aun antes de conocer el mapa en cuestión a ser el primero que afirmara tal cosa? Muy sencillo. Sus descubridores aseveraban que era del siglo XV. Mas he aquí que el pretendido descubrimiento vikingo por Erik el Rojo acaeció —de haber acaecido— en el siglo XII, y se me hacía muy arduo entender que pudieran dibujarse unas costas tres siglos después de haber sido halladas y después perdidas. Pero más fuerte aún era mi argumento de que los vikingos no conocían el sextante, ni la brújula, ni el astrolabio, instrumentos imprescindibles para dibujar cartas marinas. De suerte que, aunque hubiesen llegado a las costas americanas —cosa harto dudosa, como veremos en seguida—, no hubiesen podido cartografiarlas. Diez años más tarde, en un acto muy plausible de humildad y honestidad científica, la Universidad de Yale reconoció que su buena fe había sido sorprendida. Mas no utilizó mis argumentos que eran inobjetables, sino otros harto sabrosos. El mapa en cuestión —confesaron— era, en verdad, de principios del siglo XV y representaba casi la totalidad del mundo entonces conocido. Pero resultó que la parte dibujada de la pretendida América había sido diseñada con tintas diferentes de las utilizadas en el resto. Y esta tinta contenía determinados ingredientes químicos artificiales que no existían en aquella época. Más aún: que no fueron utilizados en la fabricación de colorantes hasta bien mediado el siglo XX.

Es preciso reconocer que no ha tenido suerte en las últimas décadas una institución tan gloriosa como el Museo Británico. Ni tuvo suerte con la famosa mandíbula de Pildown, que fue considerada durante muchos años el eslabón perdido entre el hombre y el mono; ni ha tenido suerte al descubrir en colaboración con la Universidad de Yale, este otro eslabón perdido entre América y los vikingos. La mandíbula de Pildown fue mandada retirar al descubrirse que se trataba de una yuxtaposición de huesos humanos y animales... y el mapa de Vinlandia, la supuesta América vikinga, fue mandado retirar de las paredes de la Universidad de Yale, diez años después de que yo denunciara que estaba manipulado, al comprobarse que, en efecto, lo estaba.

La lectura de este libro —*The Vinland Map and the Tartar Relation*— me dejó pasmado, porque no sólo no demostraba nada de lo que la publicidad de su lanzamiento decía, sino que ni siquiera aventuraba (como no era menos de esperar de un historiador del prestigio del británico señor Skelton) las audacísimas afirmaciones que tal publicidad le atribuía. Así pues, la irritación que este libro produce no está en realidad justificada por su contenido —cuya inocuidad e inocencia es sólo comparable al agua destilada— sino por su lanzamiento y su publicidad. El lanzamiento fue ciertamente frívolo, como intencionada y provocadora la fecha de su publicación —12 de octubre—, inadecuado el título —*The Vinland Map*— que no corresponde a su texto, y científicamente inusual su propaganda que no se apartó, en verdad, de la línea que resulta comercialmente aconsejable para el lanzamiento de una pomada de hormonas para rejuvenecer la piel. Se aplicó a las tesis un sistema publicitario antes de ahora reservado a los cutis. La erudición fue tratada como un cosmético.

Porque vamos a ver. ¿Qué significa eso de *The Vinland Map* o Mapa de Vinlandia? Vinlandia —cuya traducción es País de las Vides— es el nombre que —según los creyentes en el descubrimiento vikingo de América— dieron los navegantes escandinavos a este continente a pesar de saberse hasta la saciedad que, en América no existió la viña hasta que fue plantada por los primeros colonos europeos. ¿Cuándo, cómo, por qué, y de dónde procede ese nombre? Los que no lo sepan, cuando se enteren, no se lo podrán creer. El nombre de Vinlandia está extraído de las sagas. ¿Y qué son las sagas? Las sagas son una serie de cuentos o leyendas habladas, que son a la literatura escandinava algo así como los romances de ciego o la poesía juglaresca a la primitiva literatura medieval europea. Hay, entre ellas, historias terroríficas de lobos, relatos de demonios que violan a muchachas perdidas en los bosques, apariciones de santos entre los icebergs y otras narraciones, muy curiosas algunas, con las que, en la eterna noche invernal de los países nórdicos, se entretenían al contarlas al calor del fuego los habitantes de aquellas heladas latitudes. Muchas de estas narraciones habladas, muy tardíamente fueron recopiladas por escrito. Una de ellas —y con esto entramos de lleno en la esencia de nuestro cuento— se denomina la saga de *Thorfin Karlsefni*, en la que se describe un viaje hacia tierras desconocidas, denominadas Hululandia, o País de las Piedras, Marklandia, o

País de los Bosques, y Vinlandia, o País de las Vides, con la que se ha querido identificar a América, a pesar del despropósito de que en América no se conocía la uva.

Pero mayor aún es el despropósito si se la compara con un delicioso cuentecillo irlandés, muy ingenuo debido a su venerable antigüedad (siglo VI) denominado *Navigatio Sancti Brandani*, y que se conserva en la Biblioteca Vaticana, en un códice del siglo IX. Comparación nada ociosa, pues tiene mucha más relación con nuestra historia de lo que cabría suponer. Su presunto autor es el monje y santo irlandés san Barandán (cuyo nombre por supuesto no figura en el santoral) y en él nos cuenta que durante un viaje que duró siete años por el océano se topó con ballenas del tamaño de grandes islas, en cuyos lomos estaban erigidas grandes ciudades, descubrió, asimismo, cíclopes y grifos, con su medio cuerpo de águila y el otro medio de león, llegó a una tierra reservada sólo a los santos, a la que podía adentrarse únicamente cruzando en pleno día una barrera de sombras eternas y otros dislates y lindezas del mismo jaez.

Estamos llegando a la solución del enigma. En la *Navigatio* del monje irlandés, éste descubre numerosas islas. Una de ellas formada sólo de piedras; en la saga de *Thorfin Karlsefni*, el vikingo bautiza una de las suyas con el nombre de Hululandia, que significa País de las Piedras. San Barandán describe otra con tan espesísimos bosques que le es imposible penetrar en su interior; Thorfin Karlsefni bautiza una de las suyas con el nombre de Marklandia, que significa País de los Bosques. San Barandán descubre una isla que llama De las Corrientes; la saga nombra a una de las suyas, Straumey, que significa Isla de las Corrientes. El monje irlandés se extasía ante la que denomina La Maravillosa; el navegante vikingo denomina una de las suyas Frudhurstradhir cuya equivalencia en castellano es Playas Maravillosas. El fabuloso santo irlandés se sorprende ante una isla donde hay tantos pájaros que les impiden caminar; el escandinavo, al recorrer una de las islas, tiene que abrirse paso «pisando huevos de aves marinas». ¿Queremos más? Pues aún hay más. San Barandán, se maravilla ante una isla tan cuajada y repleta de viñas que sus monjes y discípulos se hartan devorando uvas. Y ya tenemos ante nosotros nada menos que a Vinlandia: la Vinlandia de los vikingos, que no significa otra cosa que País de las Viñas, y que ha querido ser identificada con las costas canadienses de Terranova o El Salvador. La famosa saga de *Thorfin Karlsefni* es, pues, la traducción casi literal de la *Navigatio Sancti Brandani*. Así pues, que si esta saga sirve para demostrar un predescubrimiento de América, tal predescubrimiento habrá que centrarlo en el siglo VI y no en el XII; habrá que atribuirlo a los irlandeses y no a los vikingos; a san Barandán —cuya inexistencia histórica ha sido probada— y no a Thorfin Karlsefni ni mucho menos a Erik el Rojo al que ni siquiera se le nombra.

Si el cúmulo de coincidencias en cuanto a las islas descritas y hasta los nombres con que las bautizaron uno y otro mítico navegante es tan grande, aún es más de admirar la facilidad con que se explica la corriente literaria que hizo posible la emigración de la fábula desde el caudal literario irlandés a la tradición épica escandinava. Islandia —la famosa isla Thule de que hablaba Séneca—, fue conquistada por los irlandeses en el siglo IX. Ciento cincuenta años después, los vikingos se la arrebataron a los irlandeses. Y el pueblo conquistador —el vikingo—, se adueña de una tradición —la de san Barandán—, que estaba viva en el pueblo conquistado: el irlandés. La multiplicidad de las islas míticas y legendarias en la cartografía medieval (como la Atlántida, como la Antilia fabulosa, como la propia isla de San Barandán, como Viñlandia incluida por el cartógrafo danés, señor Ressen, en una carta de 1605), no demuestra que hayan existido jamás, y ni pueden probar la realidad histórica de san Barandán y su monasterio flotante, ni la existencia histórica de Antinea y su Atlántida sumergida, ni los viajes de Thorfin Karlsefni y su Vinlandia legendaria. Saltar desde la literatura mítica medieval a la demostración de que Thorfin Karlsefni es Erik el Rojo y que descubrió Vinlandia; de que Vinlandia existe y de que Vinlandia es América, es mucho saltar. Tal pirueta digna de la pértiga de una olimpiada o del triple salto mortal de un trapecista, será merecedora de admiración en el estadio o en el circo, pero trasplantada al plano de la Historia, hace reír al menos reidor.

Como escribí líneas arriba, fui el primero en denunciar públicamente y por escrito, que el llamado *primer mapa de América* tal como fue diseñado por los navegantes nórdicos que la descubrieron *era falso. Mi primera advertencia la publiqué en ABC* al día siguiente de aparecer la noticia del hallazgo. Y días más tarde insistí en varios artículos más acerca de la inverosimilitud de su autenticidad. Y con motivo de su lectura, el profesor Antonio Romeu de Armas (que, andando los años, fue presidente de la Real Academia de la Historia), me escribió varias cartas, abundando en mi criterio, y en la que exponía todo lo referente a las sagas y al trasvase de la leyenda irlandesa de san Barandán, al caudal literario escandinavo, tal como lo he expuesto más arriba. A él se debe, por tanto, tan deslumbrante como aclaratoria información.

El mapa de Yale es falso. Vinlandia, la América vikinga, no existe ni existió jamás. Empero ¿fueron posibles y ciertos los viajes vikingos a América? Posibles, sí. Probados, no, como demostramos en el capítulo que sigue.

IV. LA VERDADERA HISTORIA DE LAS NAVEGACIONES VIKINGAS

El año 920 de Cristo, los escandinavos, como ya dijimos, conquistan Islandia que había sido descubierta y colonizada el siglo anterior por navegantes irlandeses. Antes de entonces, y aun después de esta fecha, los extraordinarios navegantes nórdicos habían arribado, en misiones de piratería o de colonización, a las islas Shettland, a las islas Feroe, a las islas Hébridas; habían asolado, no pocas veces, las costas septentrionales de Escocia y de Irlanda; habían penetrado en el Sena, poniendo sitio a París; habían doblado por el cabo Norte hacia el este, fundando la Rusia actual; en embarcaciones fluviales por el Volga, el Don, el Dniéster o el Dniéper, habían cruzado el mar Negro o el mar Caspio; habían puesto cerco a Constantinopla, y habían asolado Bagdad. De todo ello lo que más nos interesa, a efectos de este estudio, es su llegada a Islandia, trampolín y cabeza de puente de los vikingos para otros viajes más al oeste, en el linde mismo del Ártico y el Atlántico Norte.

En las postrimerías de esa misma centuria, Erik el Rojo, partiendo desde Islandia, descubre Groenlandia y establece pesquerías en sus costas. El origen de la Groenlandia histórica lo es también de una de las más desgraciadas empresas humanas. La colonia fundada por Erik el Rojo abandonada en la lejanía, sometida al rigor de un clima durísimo, sin bosques con los que poder renovar o acrecentar una armada comercial, tras lapsos de sosiego e incertidumbre se vio abocada a la extinción.

El destino fue implacable con ella. «Sin hierro, sin madera, sin una alimentación adecuada o suficiente, truncados los lazos que les unían a sus centros de avituallamiento —escribe el profesor Gómez Tabanera— acabaron por sucumbir.» Y el profesor Skelton, coautor de *The Vinland Map and the Tartar Relation*, precisa algunos datos históricos de aquella patética catástrofe. «El último *knarr* o barco de aprovisionamiento real —escribe—, viajó desde Bergen[1] con destino a Groenlandia en 1386, pero nunca llegó a su destino.» «No había ningún obispo residente en Groenlandia después de 1367.» Y añade: «En la última etapa del siglo XIV fueron destruidas las colonias groenlandesas por las tribus esquimales.»

Fuese causa del descalabro una súbita variación de las condiciones climáticas (pues las aguas otrora navegables se congelaron, los pastos sucumbieron bajo el hielo y las razas aborígenes concentradas en las áreas septentrionales descendieron a las costas del Sur haciendo valer con las armas su derecho a la caza o a la pesca) o la extrema pobreza; o a la interrupción de la inmigración, o a todas estas causas juntas, el hecho es que la historia, en sentido estricto, de las navegaciones vikingas por el Ártico, concluye aquí.

Pasan los siglos. Colón descubre a finales del XV la América isleña caribeña y tropical; holandeses, portugueses, franceses e ingleses, inician sus expediciones; el navegante de esta última nacionalidad Frovisher (que da su nombre a una bahía de la isla de Baffin de Groenlandia), realiza determinadas expediciones por el Ártico, cuya divulgación, así como la descripción de las costas por ellos descubiertas, tuvo enorme repercusión —produjo una verdadera conmoción nacional— entre los pueblos de ascendencia vikinga, pues creyeron reconocer en aquellas descripciones, y no se equivocaron, la perdida Groenlandia de Erik el Rojo. ¿Existirían descendientes de aquellos bravos y lejanos antecesores? ¿Quedarían vestigios de lo que pudo ser —y no llegó a ser— una floreciente avanzadilla de la especie humana en el

---

1. Bergen: Puerto noruego y comercial a orillas del mar del Norte.

límite mismo del Atlántico Norte y del Ártico? El rey Christian de Dinamarca organiza una serie de expediciones para reconocer las costas de la isla y averiguar, si ello era posible, la suerte que el destino había reservado a los descendientes de los antiguos colonos. La primera expedición danesa a Groenlandia zarpó de costas continentales europeas en 1605... y no fueron hallados hombres vivos de raza blanca ni mestiza. No obstante, se encontraron multitud de yacimientos para deleite de los arqueólogos, y de inscripciones rúnicas,[2] para el gusto y el estudio de los paleógrafos, que atestiguan de manera indubitable la presencia de los bravos vikingos entre aquellos hielos enemigos contra los que lucharon temerariamente y fueron vencidos.

La literatura de tema u origen groenlandés fue pasto, a partir de entonces, de cultos e incultos; y el cartógrafo señor Resen —queriendo sin duda halagar al rey de Dinamarca, patrocinador de estas expediciones de nostálgico patriotismo— sembró fraudulentamente su mapa del mundo con los nombres extraídos de tal literatura, las costas descubiertas más de un siglo antes de América del Norte. Y así es como junto a las costas recién cartografiadas científicamente —astrolabio en alto y compás en mano, por españoles, portugueses, ingleses, holandeses, franceses e italianos—, Resen, cometiendo un verdadero fraude científico, al lado de los nombres geográficos verdaderos bautizados por el portugués Corte Real, como los cabos Caravieto, San Marcos y Santa María, escribe en un marbete: «Éste es el promontórium Vilanda Bona, forte Vinlandia»; lo que equivale ni más ni menos a haber incluido en una carta que contuviera el río Ebro de la geografía física española, una ínsula Barataria bona, forte Barataria, donde Sancho Panza lidió sus gastronómicas batallas con el eminente doctor don Pedro Recio de Tirteafuera. El cartógrafo Resen fue, por tanto, en el siglo XVII el inventor del descubrimiento vikingo de América extraído de unas sagas que como demostramos en el capítulo precedente, tuvieron su origen en la leyenda irlandesa de san Barandán.

2. La escritura de los vikingos.

Las razones en que apoyamos nuestro escepticismo respecto a la viabilidad de un predescubrimiento vikingo son muchas y de peso. No deja de ser asombroso que la tradición de tal predescubrimiento del siglo X, nazca en el siglo XVII; no deja de ser sorprendente que los eruditos y comentaristas empeñados en trasvasar las sagas —esos cantares marítimos de gesta— del campo de la leyenda épica al de la Historia, no se hayan sorprendido de que los vikingos, después de haber hallado tierras tan feraces como las descritas en tales sagas, las abandonaran: inhibición sin precedentes y nunca más repetida en la historia de los descubrimientos, porque el hombre no es capaz de abandonar cualquier nueva tierra descubierta en donde la vida sea posible. Pero más insólito es aún que una colonia en perpetua agonía como Groenlandia, sometida a la terrible prueba de subsistir contra el hambre, los elementos y la hostilidad de los aborígenes (terrible prueba de la que salieron vencedores el hambre, los aborígenes y los elementos) sirviera de poderosa base de lanzamiento a lo largo de tres siglos y medio para aquellas colonizaciones; pues en esta historia de los vikingos americanos no se trata de un descubrimiento ocasional, sino de oleadas sucesivas de colonizaciones en regla, la primera de las cuales acaece según los creyentes de las sagas el año 1002 y la última en 1362.

Ni uno solo de los rastros arqueológicos o paleográficos descubiertos en Estados Unidos o en Canadá son dignos de crédito. La famosa torre redonda de Rhode Island que los entusiastas afirmaban había sido construida entre el año 1000 y el 1500 (según leo en la obra de Frank Donovan —y no deja de ser peregrina esta fecha de 1500, pues presupone que los vikingos continuaban en América después del descubrimiento colombino—) ha hecho reír a más de un arqueólogo, pues fue erigida como torre de alarma por los holandeses hace escasamente dos siglos y medio. Lo mismo cabe decir de una espada descubierta en 1930, cerca de Ontario, que no es del siglo XIV como se afirmaba sino del XV en territorios por donde anduvieron los portugueses y en cuanto a las inscripciones rúnicas de la famosa piedra que se exhibe en Massachussetts, el escritor mexicano Carlos Pereyra, autor de una famosa *Historia de América*, escribe que se debe «a cierta megalomanía de nacionalismo arqueológico por parte de Estados Unidos», precisamente por carecer la poderosa nación norteamericana de toda arqueología.[3] El origen de los demás restos supuestamente vikingos responden —añade el polígrafo mexicano— a la misma ficción. Así las huellas de una construcción de adobe descubierto en el extremo norte de Terranova por el noruego Ingstad (noruego: es decir, descendiente de vikingos) que con tanta insistencia ha sido considerada como una de las pruebas fundamentales de la presencia vikinga en Canadá por su semejanza con las construcciones noruegas: sin caer en la cuenta de su semejanza, también, con las habitaciones campestres, semigalaicas, del norte de Portugal.

Otro argumento histórico que abona nuestro escepticismo, es el desconocimiento por parte de los esquimales e indios de la América septentrional, de la rueda. ¿Qué hicieron con la rueda los vikingos, colonizadores a lo largo de tres siglos y medio, según sus creyentes, de las costas de Canadá y Estados Unidos? ¿Se la comieron? —preguntaba el periodista y humanista Luis Calvo en un ensayo admirable—, ¿o pretenden ahora, al cabo de los años, hacernos comulgar con ella?

Prescindiendo, por obvio, de la inexistencia en América de las vides y del trigo tan puntualmente descritos en la saga de Torfin Karlsefni, lo que más sigue pasmando a este recopilador de los enigmas de América es la pasión, llevada hasta más allá del fraude, por parte de los partidarios de esta hipótesis para demostrar lo indemostrable. Porque fraudulento fue el mapa de Resen del siglo XVII incluyendo en un mapamundi la Vinlandia vikinga, y fraudulenta fue la publicidad lanzada cuando la aparición de otra Vinlandia en el mapa de la Universidad de Yale antes de que esta institución

---

3. Carlos Pereyra (1871-1941). Tal vez el más grande de los historiadores y polígrafos mexicanos tras la independencia. Autor, entre otras obras, de *Hernán Cortés*, *La conquista de las rutas oceánicas*, *Las huellas de los conquistadores*, entre las más conocidas.

declarara, noblemente, que había sido sorprendida su buena fe.

La Historia es el gran almacén en que se alojan los hechos realmente acaecidos tal y como han sido comprobados. En la Historia todo cuanto no está comprobado es hipótesis. Y en hipótesis sigue, hoy como ayer, la presencia vikinga en América del Norte.

V. SÁNCHEZ DE HUELVA ¿MITO O REALIDAD?

Tan seguro estaba Cristóbal Colón de que hallaría tierra si se le permitiese capitanear la expedición que proponía; tan convencido de que sus aseveraciones eran ciertas, que no cejó cuando el rey de Portugal se negó a patrocinar su viaje, ni cuando los Reyes Católicos le negaron su apoyo, al aproximarse por primera vez a su corte. Esta tenacidad ha resultado altamente sospechosa a algunos historiadores. Y de la sólida fundamentación o frívola arbitrariedad de sus sospechas vamos a hablar en este capítulo cuyo tema, si bien se mira, es en verdad fascinante, porque viene a ahondar la gran incógnita que se cierne sobre el continente habitado y perdido para el conocimiento del resto de los humanos desde el principio de los tiempos.

La corte de Portugal, todo Portugal vivía en aquel entonces bajo la fiebre de sus prodigiosos hallazgos en África, en Asia central y en el más lejano Oriente. La Escuela de Náutica, fundada por don Enrique el Navegante, agrupaba a los mejores cosmógrafos, astrónomos y matemáticos de su tiempo, sin olvidar al alemán Martin Behaim, autor del primer globo terrestre y del que tanto habremos de ocuparnos en otros capítulos posteriores. Y no obstante aquella cohorte de sabios, los más expertos del mundo en náutica y navegación, consideró inviable el proyecto colombino de alcanzar desde Europa, viajando hacia Occidente, las costas de Asia. Pero Colón perduró tercamente en su propósito. Ignoramos las razones exactas que adujeron los portugueses para su negativa, pero conocemos, con exactitud, alguna de las objeciones más serias expuestas por la comisión de sabios que los reyes de Castilla convocaron para estudiar el proyecto colombino. Y ésta fue que las costas asiáticas estaban seis veces más lejos de lo que Colón suponía. La Tierra era harto más ancha de lo que él imaginaba. ¡Y tenían razón! Y se lo probaron. El argumento de Colón era físicamente inobjetable. Si la Tierra era redonda, navegando hacia Occidente se encontrarían las costas de China o de India a las que llegaron los portugueses navegando hacia el Oriente. (Y Marco Polo, caminando o cabalgando, en la misma dirección.) La negativa de los sabios se apoyaba, por tanto, no en la inobjetabilidad del aserto, sino en la inviabilidad del proyecto. Hoy conocemos la distancia que nos separa de la estrella más próxima pero ello no nos autoriza a visitarla. Empero, Colón insistía, y volvía a insistir con tal tenacidad, con tal seguridad, que una vez alcanzado su propósito no faltaron quienes arguyeran que *él ya sabía*, con la evidencia que da el conocimiento exacto, no la vaga intuición, que la expedición era realizable. ¿Y cómo pudo adquirir tal evidencia? Porque un piloto, ya muerto, había realizado *sin querer* el mismo periplo que Colón *quiso* realizar después. De aquí nace la leyenda o la fábula o la suposición, o el relato histórico pormenorizado, del predescubrimiento involuntario del piloto andaluz Sánchez de Huelva, tan verosímil y bien argumentado y contado, que no pocos historiadores de fuste, como veremos después, lo dan por cierto. El cuento o la historia es como sigue:

En el último cuarto del siglo XV, unos diez años antes del auténtico viaje descubridor, un piloto natural de Huelva, apodado Alonso Sánchez, y que llevaba a bordo —esto es importante— a varios conciudadanos suyos, se aprestó a realizar un viaje comercial desde Vizcaya a un puerto indeterminado, probablemente del Norte de lo que hoy llamamos Gran Bretaña y entonces sólo se conocía por «Inglaterra», denominación que abarcaba por igual a Gales o Escocia. Nadie especifica si a la ida o al regreso de esta navegación fue sorprendido por un violentísimo temporal que desarboló sus jarcias, partió en dos el timón e inutilizó sus áncoras, dejándolo a la deriva. Conducido por la furia de los elementos, sin posibilidad alguna de enderezar el navío y sin otra esperanza que encomendarse a Dios, Alonso Sánchez y sus hombres, agotados sus bastimentos, sin más condumio que el que pescaban y putrefacta ya el agua de sus pipas, sin saber con exactitud dónde se encontraban, al cabo de doce o catorce semanas, se estrellaron en los escollos de unas tierras desconocidas, bellísimas, feracísimas, y felizmente habitadas por gentes pacíficas y tan primitivas y generosas que uno de los supervivientes, llamado Juan de Umbría (no olvidemos su nombre), creyó hallarse (no olvidemos tampoco esto) en el paraíso terrenal. Creencia que se afirmó en ellos, al advertir que los naturales, que llevaban la cara y el cuerpo pintados de diversos colores, consideraban a los náufragos como dioses: seres de origen divino. En aquella tierra ignota, Alonso Sánchez tomó dos determinaciones de sumo interés para nuestra relación: reconstruir y dibujar cartas marinas de la involuntaria navegación... y pedir ayuda a los naturales para rehacer y poner a punto los restos de su navío desvencijado. No se especifica el tiempo que invirtió en esto, ni el que duró en regresar, salvo que el periplo de vuelta hacia la dirección en la que sale el sol fue tan penoso, o más que el primero.

Casi toda la tripulación que sobrevivió a la primera catástrofe, murió de hambre, fiebres o escorbuto en la segunda. Cuando he aquí que las corrientes o el viento, o la Providencia, condujeron los restos de aquel navío fantasma poblado de muertos a la isla de la Gomera, donde fueron encontrados moribundos seis cuerpos que los habitantes de San Sebastián, villa principal de la isla, se esforzaron en reanimar, cuidar y alimentar. Éstos eran: Pedro Fernández, Juan Bermúdez, Pedro Francés, Franco Niño, Juan de Umbría y el piloto y capitán de todos ellos, Alonso Sánchez de Huelva. Se encontraba casualmente en la isla un traficante genovés al servicio de los reyes de Portugal —gran amigo de la mar y aficionado a la cartografía— llamado Cristóbal Colón, quien, por tener tratos comerciales con don Diego García Herrera, yerno de doña Inés de Peraza, condesa de la Gomera y señora de las Canarias, influyó ante él para que su madre política acogiera en su casa al moribundo piloto de tan desgraciada aventura. Y del mismo modo actuó con el resto de los sobrevivientes, pagando «sus estadías», y escuchando los relatos de su hazaña. Tantos fueron los cuidados del pueblo de San Sebastián a los náufragos, que varios de ellos sanaron y volvieron, andando el tiempo, a ejercer su antiguo oficio en la marinería. Quien no se repuso fue Sánchez de Huelva, quien tres o cuatro días más tarde falleció, prácticamente en brazos de Colón, no sin haber entregado previamente a éste las cartas marinas y los datos geográficos que anotó durante su derrotero.

La primera relación escrita de la aventura de Sánchez de Huelva y de sus contactos con Colón, data de 1574 y se debe a Juan López de Velasco. A partir de entonces las citas son innumerables, aunque algunas muy veladas. El padre José de Acosta en su *Historia Natural de las Indias*, publicada en 1590 cita el hecho de que Colón tuvo noticias fehacientes recibidas de manos de un involuntario predescubridor «cuyo nombre —escribe— aún no sabemos para que negocio tan grande no se atribuyera a otro autor, sino a Dios». Fernando Pizarro Orellana, del linaje de los conquistadores de Perú y oriundo como ellos de Trujillo, publica en 1639 su obra *Varones Ilustres del Nuevo Mundo*, quien relata pormenorizadamente todo cuanto hemos contado sin más variantes que creer que Sánchez de Huelva fue alojado en la casa de Cristóbal Colón y no en la de la condesa de la Gomera, cosa que nos parece inverosímil, pues no es razonable pensar que el futuro almirante de la Mar Océana poseyese, en aquel tiempo, casa propia en esta isla del archipiélago. El padre Gumilla en su *Orinoco Ilustrado* intercala dos variantes: el piloto predescubridor no era onubense, sino bizcaitarra y el lugar de su encuentro con Colón no fue la Gomera sino la isla portuguesa de Madeira. El mexicano Carlos Pereyra en su *Historia de América* se sorprende de que Colón hubiese escogido en su primer viaje la ruta más larga y se pregunta: «¿Es, acaso, por haber llegado a su conocimiento la noticia de algún viaje intencional o fortuito más o menos oculto?» No faltan historiadores que rechazan de plano la existencia histórica de Sánchez de Huelva. Mas otros lo afirman categóricamente, tales como el historiador norteamericano Henry Vignaud o el académico español de la Real Academia de la Historia Severiano Deoporto quien escribe: «El piloto falleció dejando al genovés por heredero de sus papeles. Colón los conservó en el más profundo secreto y siguiendo el derrotero en ellos descrito alcanzó el crédito de haber descubierto el Nuevo Mundo.» Y añade con cierta sobrecarga de optimismo: «La Academia de la Historia no está muy lejos de aceptar esta opinión.»

Aunque dijimos que el primer testimonio escrito del episodio que afirma la herencia colombina de los documentos náuticos de Sánchez de Huelva data de 1574, existían desde los orígenes unas coplillas populares que andaban de boca en boca y que fueron recogidas de oído por el franciscano fray Bernardino de Ramos, aunque no fueron publicadas hasta 1929. Una copia del manuscrito del padre Ramos fue a parar al archivo de los condes de la Gomera, donde durmieron tres siglos hasta que fueron descubiertos en la citada fecha de 1929, por Francisco Montes de Oca. Y el académico correspondiente de la Real Academia de la Historia en el archipiélago, mi amigo Néstor Álamo, se la hizo llegar a quien esto escribe, tras haber incluido el poemilla en su documentado y amenísimo estudio *El Almirante de la Mar Océana en Gran Canaria* (estudio prologado por mi también amigo Antonio Rumeu, quien no descarta que pueda tratarse de una superchería). Favorezco al lector omitiendo estos versos peores que el peor de los romances de ciego, por dos razones: primera, por haberlo insertado ya en un antiguo libro mío[1] y, segunda, por haberme servido de base para el relato tal como lo he descrito al comienzo de este capítulo.

Nada más leer el poemilla, me llamaron poderosamente la atención los nombres de los marineros sobrevivientes de la catástrofe citados en los versos que fray

---

1. *Los mil y un descubrimientos de América*, ediciones de la Revista de Occidente, Madrid, 1968.

Bernardino de Ramos recopiló del acervo popular y tuve la paciencia de cotejarlos con la relación histórica de los marineros que llevó consigo Colón en su primer viaje. Y este cotejo me permite hoy echar por tierra el argumento que dio Pi y Margall para desbaratar la veracidad de aquellas coplas. «Para dar visos de verdad al hecho —escribe Pi y Margall— ha sido necesario suponer la muerte de todos los tripulantes que lograron tocar la suspirada tierra. En los días que vivieron, ¿es posible que no participasen a nadie su larga y penosa expedición, las maravillas que vieron, los hombres de otro color que en aquella isla encontraron?» No tiene razón Pi y Margall: no ha sido necesario suponer la muerte de todos los tripulantes que lograron tocar la suspirada tierra. En el apéndice 3 del *Boletín de la Real Academia de la Historia* LXXXV, 152-153, figuran los nombres de los descubridores, algunos de los cuales su participación no está comprobada más que por sus propias declaraciones en los famosos pleitos colombinos y entre ellos figuran al menos dos, Juan Bermúdez y Juan de Umbría —el que creía haber llegado al paraíso terrenal— que aparecen en las coplillas. Otro de los nombres es el de Franco Niño. Es sabido que la carabela Santa María fue aportada por Juan de la Cosa; la Pinta, por los hermanos Pinzón y la Niña por el onubense Juan Niño a quien debe su nombre esta nave. Este Juan Niño llevó consigo en su primer viaje a media familia: su hijo Alonso, sus primos Bartolomé y Alonso Pérez Niño y sus sobrinos Andrés, Cristóbal y Francisco. ¿No será este Francisco Niño el mismo Franco Niño que cita la copla entre los náufragos que tales maravillas contaron a Colón y a quienes éste pagó sus estadías en la isla de la Gomera? ¿A qué se debe la participación masiva de esta familia en el gran viaje colombino? No es inverosímil pensar que tal participación masiva es debida a que uno de ellos, Francisco, sobrino de Juan el propietario y piloto de la nave, sabía por propia experiencia que Colón no era un loco ni un visionario, sino que iba en busca de las tierras por él mismo conocidas cuando, arrebatado por el temporal, arribó involuntariamente a ellas en la nave que pilotaba Sánchez de Huelva. Y en cuanto al resto de los nombres recopilados de oído por fray Bernardino y que durmieron durante siglos en los archivos de los condes de la Gomera, y que no figuran en la relación histórica del primer viaje colombino, Néstor Álamo demuestra que participaron como pilotos o tripulantes de otras armadas que zarparon de Sevilla y Sanlúcar con destino a las Antillas seis años después del descubrimiento. Luego estaban vivos. El argumento de Pi y Margall se diluye como niebla al sol.

Considero imposible que pueda nunca demostrarse la veracidad de esta historia a pesar de su verosimilitud. Me mantengo fiel a lo que dije de los vikingos. En la ciencia llamada Historia, todo cuanto no está comprobado es hipótesis.

VI. LUIS DE SANTÁNGEL

Fuese cierto o no que Colón obtuvo noticias fehacientes de un viaje previo, debido al azar, a ese continente, de que habló Raimundo Lulio, «que se supone haber en las regiones opuestas del Occidente», lo que no puede ponerse en duda es que a partir de entonces actuó con tal tenacidad, con tal seguridad como si las hubiese obtenido. Colón sabía, o parecía saber, o actuaba como si ya supiese, que lo que aseveraba era cierto.

Andando el tiempo, realizada ya su gran ambición, al primero a quien escribió dándole cuenta de la realización de sus predicciones fue a un oscuro funcionario de la corte: mosén Luis de Santángel, valenciano, de raza y religión judía, que ocupaba el cargo de escribano de ración de la Corte de los Reyes Católicos. Muchos se han asombrado del honor que recibió Santángel al ser el primer destinatario de la gran nueva.

En lo que no profundizan quienes tal sienten es que, sin hipérbole, debe considerarse a mosén Luis de Santángel el personaje más sobresaliente en la prehistoria del descubrimiento americano. Al servicio de unos u otros señores, años antes, años después, Colón hubiera llevado adelante su ambicioso proyecto, pero, sin Luis de Santángel, España no hubiera participado en su desarrollo y culminación.

He aquí un hombre cuya única intervención en la génesis de los hechos apenas duró sesenta minutos, mas esta minúscula porción de tiempo fue la justificación de toda una vida. Hora más brillante no existe en la historia de nuestro país. Su grandeza no puede entenderse sin considerar los fracasos diplomáticos previos de Cristóbal Colón.

Cuando Luis de Santángel interviene, Colón había fracasado frente al rey de Portugal, al que expuso su proyecto y en cuya corte vivió catorce años; había fracasado con el poderoso don Luis de la Cerda, quinto conde de Medinaceli y primer duque de este título, de cuya casa fue huésped y al que anduvo mendigando, a lo largo de dos años, su protección, hasta que éste lo remitió a los reyes, que estaban a la sazón en Córdoba; había fracasado en Córdoba, donde una comisión de sabios le desbarató la empresa; había fracasado con el duque de Medina-Sidonia, al que acudió para remediar el anterior entuerto y cuya respuesta fue simplemente ésta: «no»; había fracasado en el campamento de Santa Fe, cuando los reyes tenían puesto cerco a Granada y le respondieron que «los muchos gastos y cuidados de la guerra» les imposibilitaba empeñarse en otras acciones.

La reseña de su último y más espectacular fracaso, pues tuvo la miel del éxito al borde de los labios y un arzobispo se la retiró antes de que la catara, precede inmediatamente a la intervención del futuro destinatario de la carta y merece por ello un cierto sosiego en su exposición.

Colón está en el Puerto de Palos. Ya no mendiga dineros para ir a las Indias por Occidente. Ahora lo pide para un periplo más modesto: llegar a Francia por el Mediterráneo para ofrecer al rey cristianísimo de aquella nación la empresa que los de Portugal, Castilla y Aragón se niegan a patrocinar.

Está a punto de embarcar cuando le llega del campamento militar de Granada esta insólita noticia: los reyes le envían diez mil maravedíes para que se compre un caballo, adecente sus ropas y regrese a la corte para exponer una vez más —¡una vez más, Dios!— a los soberanos sus ideas alucinadas.

Sabemos lo que Colón les dijo porque el propio almirante se refiere a ello en dos distintos pasajes del *Diario de a bordo*. Uno: que con el dinero que se ganase en el empeño pensaba financiar una nueva cruzada para conquistar Jerusalén. Dos: que el verdadero motivo de su viaje era bautizar «a un príncipe —son sus palabras— llamado Gran Khan, que en nuestro romance significa Rey de Reyes...».[1]

¡Ah, no; no eran éstos los argumentos debidos! Para satisfacer su conciencia y cumplir sus obligaciones religiosas, ya tenían los reyes teólogos y confesores de más crédito que este extranjero amancebado en Córdoba con una mujer soltera, de la que tenía un hijo natural.

En su *Oráculo manual y arte de la prudencia* escribe Baltasar Gracián: «Hanse de procurar los medios humanos como si no hubiese divinos, y los divinos como si no hubiese humanos.» Si lo que Colón proponía fuese una empresa militar, los reyes hubieran designado un general de sus ejércitos para negociar con él; si fuese una empresa comercial o de lucro, su tesorero mayor; como se trataba de bautizar al Gran Khan... designaron un obispo: fray Hernando de Talavera, el mismo que había juntado muchos años atrás en Córdoba aquella primera comisión de cosmógrafos para analizar el proyecto colombino. No se le olvidaba, no, al antiguo prior Jerónimo aquel argumento decisivo de uno de los sabios por él convocados de que si la Tierra fuese redonda quizá se pudiera realizar el viaje de ida, en que las naves irían hacia abajo, mas nunca el de regreso, pues las embarcaciones no podrían remontar las aguas hacia arriba de la esfera. Ni aquel otro inapelable respecto a la inhabitabilidad de las antípodas, pues de haber seres humanos en el lado opuesto de la Tierra, éstos caminarían forzosamente con la cabeza abajo y los pies arriba, cual si anduvieran por el techo de una habitación; hueso éste que al futuro arzobispo de Granada se le hacía muy duro de roer.

Colón se destapa en esta ocasión como el peor de los negociadores. Y del mismo modo que para tratar con los reyes de un asunto humano (descubrir nuevas tierras), emplea argumentos divinos (salvar almas), ahora, al habilitar los medios con su eminencia reverendísima, para llevar a cabo una empresa divina (bautizar

1. Prólogo del *Diario de a bordo* dedicado a los Reyes Católicos.

al Gran Khan y a sus huestes), exhibe tales ambiciones humanas que hace palidecer de estupor al beatísimo prelado.

Hernando de Talavera, que tenía muy serias dudas respecto al equilibrio mental de un hombre que se disponía a remontar las aguas hacia arriba, para regresar de unas tierras donde los hombres andaban boca abajo («... sobre lo cual hay, como dice Plinio, gran batalla de letrados»),[2] escucha atónito las pretensiones del aventurero. Pues he aquí que este mendicante, a quien los reyes acaban de enviar unos dineros para que adquiriese un caballo y adecentase sus ropas, exige, para llevar adelante una obra religiosa tan pía como la propuesta, las siguientes condiciones: ser designado almirante del mar Océano, con las mismas prerrogativas y honores que el almirante mayor de Castilla, lo que equivalía a ocupar el primer puesto en la corte después de los reyes, y muy por delante, ello es obvio, del señor obispo; ser visorrey y gobernador de todas las tierras que se descubriesen; transmitir a su descendencia legítima los títulos y honores que se le concediesen y, amén de otras lindezas, cobrar el décimo, deducidos los gastos, de toda mercadería embarcada, fuese oro, especería o piedras preciosas. ¡Gentiles medios para salvar almas!

Su eminencia reverendísima, hombre de sesenta y cuatro años, de cuya prudencia y santidad se hacen lenguas los historiadores,[3] al cabo de varios meses de inútiles discursos, maravillado y enfadado a la par de tales audacias, dio carpetazo al asunto y rompió las negociaciones.

Colón, que no era un muchacho y que temía se le acabara la vida sin ver realizado su sueño, humillado y ensoberbecido a un tiempo, veintiún años más viejo que cuando comenzó a tratar de estos asuntos con el rey de Portugal, transcurridos siete años de su gestión con Me-

---

2. El entrecomillado pertenece a López de Gómara en su *Historia de Indias* y lo aplica precisamente a la existencia de los antípodas.
3. En la Academia de la Historia, de Madrid, existe un manuscrito (*El cancionero*, de Álvarez Gato) que contiene una «breve suma de la santa vida del reverendísimo y bienaventurado don fray Hernando de Talavera».

dinaceli y cinco de su llegada a la ciudad de Córdoba, profundamente desalentado, con toda la amargura del mundo en el alma, se despidió de sus amigos y abandonó la corte en la firme creencia de que lo hacía para siempre. Todo lo había perdido menos la fe en su empresa. Detrás del Pirineo le esperaba el rey de Francia. Ahora, al menos, tenía un caballo para galopar.

En este momento justo, como una ráfaga de aire limpio, irrumpe en la historia mosén Luis de Santángel.

La que los reyes depositaban en él era una confianza heredada. Un abuelo suyo, de su mismo nombre y apellido, había sido consejero de Alfonso V de Aragón. Su mujer, Juana, era descendiente de Luis de la Caballería, tesorero de Juan II, padre del rey. Pertenecía, por tanto, Luis de Santángel, por sangre y por matrimonio, a una dinastía de funcionarios de confianza: consejeros, tesoreros...

Cuando en 1481 quedó libre el cargo de escribano de ración de la Casa y Corte del rey de Aragón —cargo equivalente, según Fernández de Navarrete, al de ministro de Hacienda—, Santángel fue llamado a ocupar este puesto, que ostentó a lo largo de toda la etapa predescubridora, cuando el futuro almirante fisgoneaba por la corte y contaba sus cuitas a quien quería escucharle.

Una tarde de abril de 1492, aprovechando su despacho con la soberana (según la versión que de todo este episodio nos ha dado Las Casas), Luis de Santángel se excedió grandemente «de las reglas y lindes de su oficio». Consciente de que al lado de quienes habían llevado aquel negocio, él no era más que «un siervo mínimo» y que su opinión valía menos que nada, sin pretender influir en los altos asuntos del reino, sino exponer su tribulación ante su señora, le confesó que acababa de «recibir tan gran pena y tristeza como si a él le fuera poco menos que la vida». La causa de su aflicción no era otra que la negativa de los reyes a aceptar una empresa como la ofrecida por Colón, «en la que tan poco se perdía», caso de que saliese vana o fracasase, y en la que tanto se podía ganar, caso de resultar verdadera. Dada esta eventualidad, «Vuestras Altezas ternían de si mesmas queja terrible». La vergüenza que experimentarían el día de mañana «los Reyes sucesores de Vuestras Altezas» «no es muy oscuro imaginarla a los que profundamente lo consideren». La reina debía meditar que si era mucho lo que Colón pedía, tales mercedes tendrían su origen en lo que él mismo descubriere con «riesgo y aventura de su persona». Si nada se descubría todo lo perdía Colón. Nada perdían los reyes. En cambio... ¡si sus predicciones fuesen ciertas! Lo que más entristecía a Santángel no era que sus señores hubiesen despachado definitivamente a Colón después de tantas dilaciones y humillaciones tan crueles, sino el mal que a causa de esto podría derivarse para ellos mismos, ya que la obra desechada hubiera añadido «muchos quilates sobre la loa y fama que Vuestras Altezas de magnificentísimos y animosos Príncipes tienen».

Tantas, y tan graves, y tan lúcidas fueron las razones que el afligido Santángel expuso a la reina, que doña Isabel, en un arrebato de tardío entusiasmo, exclamó que si las cajas del erario estaban exhaustas por la guerra, «yo terné por bien que sobre las joyas de mi recámara se pidan prestados los dineros que para hacer la armada pide Colón».

Y el buen Santángel, al oír esto, avergonzado de la humillación que supondría para la reina hipotecar sus joyas a los mercaderes, conmovido y agradecido, mas acaso también con un atisbo de galantería, puso a disposición de doña Isabel su fortuna personal. «Señora Serenísima, no hay necesidad de que para esto se empeñen las joyas de Vuestra Alteza. Muy pequeño servicio será el que yo haré a Vuestra Alteza y al Rey mi señor prestando (para ello) el cuento de mi casa.»

Un cuento era un millón de maravedíes. Lo que entregó Santángel fue todavía más. Fernández de Navarrete, sin cuyas investigaciones la verdadera historia colombina seguiría en sus albores, encontró en 1825 los recibos que justificaron la entrega por parte de este servidor de la corte de un millón ciento cuarenta mil maravedíes para la financiación de un viaje, cuya culminación habría de transformar el curso de la historia.

A toda prisa mandó la reina buscar a Colón, que ya había partido. Lo encontró el alguacil de la corte en el camino de Córdoba, a la altura de un puente llamado de los Pinos, sobre el Genil.[4] A su regreso le recibió Santángel, quien le impuso de lo ocurrido.

¿Puede nadie sorprenderse de que la primera persona a quien Colón escribiera dándole cuenta del gran triunfo alcanzado fuese el hombre que sufragó la expedición con sus propios dineros y arrancó de la reina, cuando todo parecía irremediablemente perdido, el permiso para hacerlo?

Mosén Luis de Santángel: tal es el destinatario de la primera fuente histórica del continente americano.[5]

4. Pedro de Lorenzo, *Viaje de los ríos de España*, Editora Nacional, Madrid, 1968.
5. La segunda fuente es la carta dirigida a Rafael Sánchez, tesorero de sus majestades.

VII. EL CREPÚSCULO DE LA EDAD MEDIA

Como ya hemos anunciado en el capítulo precedente y desarrollaremos en el subsiguiente, Colón dejó escrita para la posteridad la relación de cuanto vio y entendió en el viaje descubridor. Lo que no pudo relatar es aquello a lo que su inteligencia o sus conocimientos no alcanzaban.

En efecto: Cuando el capitán y los pilotos de las tres carabelas colombinas, despreciando la supuesta leyenda grabada en las columnas de Hércules que decía NON PLUS ULTRA —No hay más allá—, cruzaron el paralelo donde se asienta el cabo Finis-Terre, «Fin de la Tierra», y se adentraron en lo que los antiguos llamaban el mar Tenebroso, nunca antes de entonces cruzado; ni Colón, ni los Pinzones, ni el más avispado de sus acompañantes podían sospechar que estaban traspasando una impalpable, sutilísima, frontera.

Esta frontera no es la que divide el globo en Oriente y Occidente. Tampoco es la que separa el hemisferio norte del meridional, allá donde la Estrella Polar cede a la Cruz del Sur el privilegio de orientar al navegante. Esta frontera a la que me refiero es harto más evanescente y vaporosa: es la que tiene de un lado a la Edad Media y del otro a la Moderna.

¿Y esto qué quiere decir? Por Edad Media entendemos la era en que se mueve y revolotea libremente, la hipótesis disparatada, la especulación fantástica, el gusto por lo inversosímil. Y por Edad Moderna la revolución mental que supone el pase de la hipótesis desquiciada al puro conocimiento; de la especulación delirante a la verdad comprobada; de la superstición al rigor del pensamiento.

Citemos unos pocos ejemplos, pero extraordinariamente gráficos y convincentes que nos sirvan para calibrar el entendimiento del mundo que poseían las generaciones inmediatamente anteriores y contemporáneas a las navegaciones colombinas. El primero de estos ejemplos se contiene en el relato de un viaje fabuloso, titulado *El libro de las maravillas*, publicado en Londres en 1332, y del que es autor el famoso explorador inglés Johan de Mandeville, en el que se cuenta la expedición que realizó este caballero a China, donde conoció al Gran Khan, el Rey de Reyes de todo Oriente y guardián de toda sabiduría. El escritor británico se deja llevar libremente por la fantasía y por la inocente credibilidad de sus contemporáneos para describirnos con admirable minuciosidad y precisión alguna de las tribus con las que convive en su camino, como la de los MONÓCULOS, razas de hombres, que así como los faros de la costa tienen un solo foco en lo alto de la torre, tenían un solo ojo en el centro de la frente; como los HOMBRES-CANES, sujetos con rabo y cabeza de perro; así como otros pueblos, que harían palidecer de envidia a las amas de casa de la época, porque sus hijos se alimentaban y hasta engordaban al solo olor de las manzanas. Y ensarta otros miles de dislates y fantasías del mismo jaez. ¡El señor de Mandeville, a lo largo de su viaje para presentar sus respetos al Gran Khan, además de las extraordinarias estirpes citadas tuvo la suerte de toparse con el Ave Fénix, y con tan buena fortuna que llegó en el punto justo en que renacía de sus cenizas después de muerta!

Sería ingenuo creerse que este librito (considerado hoy como uno de los más grandes fraudes de todos los tiempos) era tema de entretenimiento sólo para ociosos e ignorantes. Lejos de esto, su influencia entre las gentes cultas era tan grande, que hasta los más prestigiosos cartógrafos de la época inspiraron sus cartas marinas en las descripciones contenidas en tales páginas delirantes. También se nos podrá argüir que, en los ciento sesenta años que median entre la aparición de este libro y el descubrimiento de América, las ideas acerca de la realidad del mundo habrían variado. Mas no fue así. Martín de Bohemia, el gran Martín Behain, natural de Nurenberga, el primer geógrafo que, convencido de la esfericidad de la Tierra, confeccionó en 1492 —¡fijémonos bien en la fecha!—, confeccionó, digo, un globo terráqueo situando mares y continentes en su superficie; Martín de Bohemia, uno de los más grandes matemáticos de Juan II de Portugal, a cuyas órdenes trabajaba, escribe en uno de los marbetes que ilustraban su famoso globo: «Debe saberse que esta esfera representa toda la grandeza de la Tierra»... «medida geométricamente»... «parte de ella según lo que dice Ptolomeo»... «así como lo que el respetable doctor Johan de Mandeville escribió en 1332».

¡Válganos Dios!, este grandísimo majadero considerado respetable doctor por uno de los grandes sabios de su tiempo. La cartografía del siglo inspirándose en el viaje en que el señor de Mandeville se dio de bruces con el Ave Fénix, los MONÓCULOS, los HOMBRES-CANES, y las manzanas reinetas cuyo sólo aroma engordaba. Pero... ¿en qué mundo estamos? ¡Estamos, claro es, en la Edad Media!

En el capítulo que hemos dedicado páginas atrás a los vikingos, citamos la fábula irlandesa titulada *Navigatio Sancti Brandani* que inspiró siglos después la famosa saga de Thorfin Karlsefni. A ella me remito, trayendo sólo a colación lo que ahora nos interesa. Y esto es que el monje irlandés del siglo VI, que figura como su autor «y cuya inexistencia histórica ha sido comprobada», describe en su cuento tantos o más disparates en relación con su viaje marítimo, que los que cuenta del suyo por tierra, el explorador inglés. Hago gracia de estos dislates a mis lectores, para no repetirme y sólo referiré que dio nombre a una isla, la de San Barandán, que tenía la virtud de emerger o sumergirse en las profundidades del océano según el capricho de los hados, por lo que también se la denominó la Perdida, la Inaccesible y la Non Trubada. Esta leyenda, como sabemos, es mucho más antigua que *El libro de las maravillas* antes citado. Tan insigne antigüedad podría hacer pensar a muchos que las ideas contenidas en la *Navigatio Sancti Brandani* estaban ya obsoletas; que los contemporáneos de Colón las considerarían patrañas escritas para hombres crédulos y primitivos. Mas de nuevo hemos de afirmar que no fue así. Tan en cuenta tenían esta isla fantasmal los cosmógrafos y cartógrafos inmediatamente anteriores o contemporáneos de Colón, que casi todos los mapas de la época la incluyen, muy bien diseñada, por cierto, al oeste de las Canarias y a mitad de camino entre este archipiélago y el de las Azores.

La primera carta marina que la dibuja es la muy célebre de Piscignano, compuesta en 1367. También incluyen esta isla fantasmal el mapa de Weimar de 1424; el mapamundi de fra Mauro, en 1457; el divertido mapa de Vinlandia, descubierto por la Universidad de Yale, al que ya nos hemos referido; el muy célebre mapa de Toscanelli, contemporáneo y amigo personal de Colón, con el que mantuvo una extensa y curiosísima correspondencia, que se conserva hasta nuestros días. Y, por supuesto, el globo de Martín de Bohemia de 1492 —insisto—, quien escribe bajo su inventada silueta: «El año 565 de Jesucristo, san Barandán llegó con su navío a esta isla en donde vio muchas cosas maravillosas» (las cosas que vio san Barandán eran ballenas del tamaño de continentes, islas que navegaban solas, leones que volaban...).

Pero no nos remontemos a siglos pasados, ni a meses, ni a semanas siquiera anteriores a la iniciación de la gran aventura descubridora, para probar que Colón estaba también inmerso de hoz y coz en la vaga nebulosa medieval. Recuérdese lo dicho en el capítulo anterior: que cuando expuso a los soberanos españoles su proyecto para convencerles que lo financiaran, les dice que con el dinero que se obtuviera de la empresa pensaba organizar una nueva cruzada para la conquista de Jerusalén (¡ah, Edad Media, Edad Media!), aunque su verdadero empeño es «bautizar al Gran Khan —¡otra vez el Gran Khan!—, que en nuestro romance —escribe Colón— significa Rey de Reyes». Y recordemos también que cuando los monarcas convocaron una reunión de sabios para estudiar su propuesta, la idea que tenían algunos de las Antípodas en las que se suponía que los hombres andarían al revés.

Éstas eran algunas de las ideas vigentes al tiempo en que las tres carabelas soltaban los cabos que las unían a tierra, levaban anclas y comenzaban a hinchar de venturoso viento su velamen para una navegación que habría de cambiar la faz de la Tierra y conseguir —según frase del cronista Gómara— «la cosa más grande desde la creación del mundo, dejando aparte el nacimiento y muerte del que lo crió». Un mundo fantástico poblado de monstruos marinos, dragones, sirenas, unicornios, centauros, tritones, grifos, pegasos, habitaba en el olimpo mental de los hombres y mujeres que formaban la última generación medieval, junto con engendros humanos y monstruos de nuestra especie, como los descritos por Johan de Mandeville. ¿Puede nadie sorprenderse de que Colón creyera firmemente en tales patrañas?

La primera noticia de la influencia de *El libro de las maravillas* sobre nuestro hombre es lo referente al Gran Khan, a quien Colón pretende no sólo presentarle sus respetos, como Mandeville, lo cual ya es mucho, sino bautizarle, que es más. Y cuando culmina su gran peripecia, tras desembarcar en la isla de Guanahaní, tan seguro estaba de encontrarse en las inmediaciones de los dominios del Rey de Reyes, que imagina que no debían andar lejos las razas de hombres extraordinarios que Johan de Mandeville describió. Y de acuerdo con ello escribe en su *Diario de a bordo* que la tierra en la que está, «encabalga con otra que es muy grande y en la que hay, según dicen los indios que vienen conmigo, gente que tiene un solo ojo en la frente». Y en su otro escrito, la carta que dirigió al cortesano de los reyes, Luis de Santángel, le dice: «Me quedan de la parte de poniente dos provincias que yo no he andado; la una de las cuales llaman Auau, donde la gente nace con cola.» Es decir, señores, ni más ni menos que los MONÓCULOS y los HOMBRES-CANES de *El libro de las maravillas*, los últimos de los cuales vivían en Auau, onomatopeya que para Colón resultaría con toda evidencia, como para nosotros, la del ladrido de un perro.

En su tercer viaje, y estando muy cerca de la isla de Trinidad, observa Colón con indescriptible estupor que la Tierra no es exactamente esférica como una bola perfectamente redonda cual vemos a la luna llena en el firmamento, sino que se va ensanchando inexplicablemente a medida que sus naves se aproximan a la línea del Ecuador. Y al Colón medieval, que nadie le ha dicho, ni jamás se había escrito, que la Tierra está achatada por los polos y abultada por su cintura, como una mandarina, se le ocurre, para explicar el fenómeno, la más descabellada solución que cabe imaginar. Porque no se atreve a pensar que esta deformación se producía a todo lo ancho de la línea ecuatorial, sino que piensa que es allí, y sólo allí, en el lugar en que se encuentra, donde se da este caso, y decide en consecuencia que en aquel sitio y no en otro alguno, existe como un tumor o promontorio adherido a la redondez de la Tierra. Digámoslo con sus propias palabras. Pero advirtamos primero que estas palabras se las escribe a la reina de Castilla, Isabel la Católica, tan casta y comedida en hechos y palabras, que hasta hoy se dice que quieren llevarla a los altares. Pues bien, lo que Colón le escribe a su castísima soberana (y pido perdón a mis púdicas lectoras por reproducirlo textualmente, tal como él lo escribió), es que la Tierra es como «una pelota muy redonda y que en un lugar de ella tuviese una teta de mujer allí puesta, y que en lo alto de su pezón...» está, nada más y nada menos, que el paraíso terrenal, lo que ya es rizar el rizo de los despropósitos.

La historia se complica aquí con un segundo misterio, y entre ambos tenían trastornado a nuestro navegante. Este segundo fenómeno consiste en que, sin haber viento, ni alteración en la mar, se advertía una barra en el agua, fuera de la vista de tierra, en que dos corrientes chocaban enfurecidas entre sí, como si la que venía de tierra quisiese impedir al mar moverse hacia sus costas. Asombradísimo, mandó extraer agua del mar y probándola comprobó que era dulce. ¿Cómo podía ser esto? ¿Qué fuerza o qué prodigio producía que en aquel punto y sólo en aquel punto el agua del océano dejara de ser salobre y se convirtiese en potable?

Y como entre prodigios andaba, prodigiosa fue su deducción. Intuyó una primera cosa: que estaba en la proximidad de un río inmenso cuya corriente se internaba muy adentro de la mar —lo cual era cierto—. Pero como todo ello acontecía en aquel promontorio, en aquel pezón donde se asentaba el paraíso terrenal, dedujo que se encontraba nada menos que en la desembocadura del río que nace al pie del Árbol de la Vida, con cuyo fruto prohibido se desayunaron, con harta desobediencia, nuestros primeros padres.

El Colón moderno descubrió en su primer viaje la sorprendente variación, a todas luces incomprensible, de la aguja imantada de la brújula, aunque no se puede exigir al Colón medieval que entendiese que el polo Norte geográfico no coincide exactamente con el polo magnético. Cuando Colón confiesa creer en los monóculos y los hombres-canes lo hace desde la Edad Media; pero cuando comenta la existencia de los caníbales, razas «que tienen aquí por muy feroces», y que «comen carne viva», o cuando se maravilla ante la presencia de «los perros mudos» de las Bahamas y las Antillas, lo hace desde la Edad Moderna, aportando datos de inestimable valor antropológico y zoológico.

Cuando averigua, por la posición de las estrellas, que la Tierra no es exactamente redonda, afirmación certísima por primera vez observada y declarada en el mundo (verdad incontrastable que tardaría muchos siglos en ser demostrada y admitida), lo está diciendo desde la Edad Científica; pero cuando hace a los reyes esta declaración delirante: «Tengo asentado en mi ánima que allí en esa elevación, es el paraíso terrenal», lo hace desde el Medievo. ¿Que quiere invertir las ganancias que se obtengan de su descubrimiento en la conquista de Jerusalén? ¡Edad Media! ¿Que estudia y analiza la variación de las hojas, las raíces comestibles como el boniato, las plantas medicinales, como el ruibarbo o la velocidad de la corriente de las Antillas? ¡Edad Moderna!

Cuando Colón en su *Diario de a bordo* relata que ha visto «tres sirenas que salieron bien alto de la mar», lo escribe desde el Medievo. Pero cuando a continuación añade que «no eran tan hermosas como las pintan», «que en alguna manera tenían forma de hombre en la cara», ya lo está diciendo desde la duda y el excepticismo. Lo que en realidad vieron saltar fuera del agua eran tres inmundos manatíes, mamíferos sirenios, cuyo hocico recuerda la nariz humana, cuyas aletas parecen manos y cuyas hembras poseen dilatadas y poderosas mamas pectorales. «¡No eran tan hermosas como las pintan!» ¡Enternecedora decepción!

Las carabelas zarparon de las orillas de la Edad Media, y, al cabo de muy pocos viajes, de ida y regreso... la Edad Media ya no estaba. Acaso porque los descubridores la llevaban en sus corazones y la fueron perdiendo al embate con las realidades antropológicas, geográficas y técnicas de lo mismo que descubrían. Salieron en busca del Gran Khan y se encontraron con la variación de la aguja magnética.

No deja de ser confortante y aleccionador comprobar cómo en el primer viaje colombino los cascos de las carabelas, al chocar contra el embate de las olas, van escupiendo las primeras adherencias de la vieja era. Y en los últimos periplos colombinos, los tajamares de las naves son ya como rompehielos que van triturando, al abrirse paso, la helada costra de las viejas creencias y leyendas medievales hasta dejar las aguas del océano y las de la historia, desembarazadas de mitos para la libre navegación de una nueva edad sólo entonces alumbrada.

VIII. LA LITERATURA DE TESTIMONIO EN LOS ALBORES DE AMÉRICA

Hubo un género de informadores que no se desplazaron, como los modernos, en busca del suceso para describirlo sobre el cuerpo aún caliente del acontecimiento, sino que el suceso les sorprendió en el escenario mismo en que se hallaban. Y lo escribieron para la posteridad. No acudieron: estaban. Páginas inmarcesibles de la literatura histórica de todos los tiempos son debidas a la coincidencia, muchas veces fortuita, del hecho inusitado y del inusitado escritor. Platón estuvo presente en la agonía magistral de Sócrates, y la dialogó;[1] Plinio el Joven, en la destrucción de Pompeya, y la describió;[2] san Juan y san Mateo fueron testigos de Cristo viviente, y contaron lo que vieron sus ojos y palparon sus manos; Bernal Díaz del Castillo desembarcó con Hernán Cortés en la tierra firme de México, frente a la isla de San Juan de Ulúa, el Jueves Santo de 1519, y escribió uno de los mejores libros de aventuras que se han impreso.[3]

Hay en todos estos narradores una evidente intención testifical. No les basta saber lo que describen; quieren que se sepa por qué lo saben ellos. Así san Juan

---

1. Platón, *Diálogos*, «Fedón o de la inmortalidad del alma».
2. Los dos Plinios estuvieron presentes en la catástrofe de Pompeya. El mayor de ellos, tío y tutor del segundo, pereció en la catástrofe. Plinio el Joven describe el suceso en una de sus cartas más interesantes.
3. *Verdadera historia de la conquista de Nueva España*.

Evangelista, único apóstol presente en la crucifixión, intercala en el relato de la lanzada en el costado de Nuestro Señor esta declaración personal: «Y el que lo vio da testimonio. Y su testimonio es verdadero. Y él sabe que es verdad.» Y más adelante insiste: «Éste es el discípulo que da testimonio de estos hechos y el que los ha escrito.» Y Fernández de Oviedo reitera hasta la saciedad declaraciones como ésta: «Y yo estaba allí. Y no se olvidará a los que allí estaban.»

El testimonio literario que voy a analizar da fe de uno de los acontecimientos más transcendentes de la Historia y de una de las hazañas más colosales realizadas por el hombre sobre la Tierra: me refiero a los primeros escritos colombinos en los que se da cuenta al mundo del descubrimiento de América.[4] Mejor: de lo

---

4. Los primeros escritos de Cristóbal Colón acerca de la aventura americana son: *a*) el *Diario* de la primera navegación, cuya versión exacta se desconoce. Una glosa reducida del mismo fue manuscrita por el padre Las Casas para utilizarla como base documental para escribir su *Historia General de las Indias*. Este manuscrito fue descubierto por Martín Fernández Navarrete en el archivo de los Duques del Infantado y hoy se conserva en la Biblioteca Nacional; *b*) la carta escrita a mosén Luis de Santángel dando cuenta del descubrimiento de América, de la que se da más amplia noticia en el cap. IX; *c*) la carta dirigida a Rafael Sánchez, tesorero de los reyes, cuya versión original en castellano se ha perdido. Fue traducida del español al latín por Leandro de Cozco el 25 de abril de 1493 y retraducida del latín al castellano por don Antonio González en 1791; *d*) el memorial que entregó el almirante a Antonio de Torres para que lo hiciera llegar a Sus Majestades. Se refiere a su segundo viaje y fue escrito en la ciudad Isabela el 30 de enero de 1494. Se conserva en el Archivo de Indias y lleva escrito a los márgenes las respuestas que dan los reyes a cada una de las preguntas del dicho memorial; *e*) la historia del viaje que el almirante D. Cristóbal Colón hizo la tercera vez que vino a las Indias. Este documento también fue descubierto por Navarrete en 1791 en el archivo del Duque del Infantado e igualmente está manuscrito, bien que esta vez íntegro, por fray Bartolomé de las Casas; *f*) carta que escribió D. Cristóbal Colón, virrey y almirante de las Indias, a los cristianísimos y muy poderosos rey y reina de las Españas, Nuestros Señores, en que les notifica cuanto le ha acontecido en su [cuarto] viaje. Esta carta, que se conserva en la Biblioteca Nacional, fue escrita en Jamaica el 7 de julio de 1503 en circunstancias dramáticas. La entregó Colón a uno de sus mejores hombres, Diego Méndez, quien con riesgo de su propia vida la transportó en

que hoy «con tanta impropiedad como injusticia» denominamos América.[5]

Por encima de todo cuanto se ha escrito de los albores del nuevo continente; por encima de la famosa carta dirigida al cabildo de Sevilla, de la que es autor el médico Álvarez Chanca, testigo, en el segundo viaje, de la primera sangre derramada entre blancos y caribes;[6] muy por encima de la relación del cuarto viaje escrita sibilinamente por aquel gran bellaco llamado Diego de Porras;[7] por encima de los cuatro colosos, Oviedo, Hernando Colón, Bartolomé de las Casas y Pedro Mártir de Anglería, sitúo, por su valor de testimonio, los primeros escritos del almirante. El que sea el héroe mismo de la fascinante aventura el primero que informa a la cristiandad del descubrimiento que habría de cambiar la faz de la Tierra, enriquece de tal modo el documento, añade tales quilates al oro intrínseco del portentoso relato, que es, si me permiten ustedes esta exaltación, como si la destrucción de Pompeya, lejos de haber sido contada por un testigo fortuito, como Plinio, hubiera sido descrita por el propio Vesubio.[8]

---

una canoa a la isla Española, de donde fue remitida a Castilla. Fue impresa en Venecia en 1505. Una copia manuscrita del original, existente a la sazón en la «biblioteca particular de cámara del Rey Nuestro Señor», fue cotejada el 12 de octubre de 1807 por Martín Fernández de Navarrete.

5. Fernández de Navarrete, *Colección de los viajes y descubrimientos* (introducción).

6. El doctor Álvarez Chanca, médico de la corte, participó, por mandato de los Reyes Católicos, en el segundo viaje colombino y escribió una interesantísima relación al cabildo de su ciudad (Sevilla). Se conserva en la Real Academia de la Historia. El historiador puertorriqueño Aurelio Tió ha escrito una espléndida monografía sobre el tema: *Doctor Diego A. Chanca (Estudio Biográfico)*, Barcelona, 1966.

7. Diego de Porras participó en el cuarto viaje como contador general de la escuadra y escribano. Se sublevó contra el almirante en la isla de Jamaica. Fue hecho prisionero por Bartolomé Colón.

8. Aunque el *Diario de a bordo* fue escrito con anterioridad a la carta dirigida a Santángel, este documento no fue impreso hasta muchos siglos después y en la versión incompleta que manuscribió Las Casas. (Véase nota 4.)

Mística, picaresca, crónicas de Indias

Los relatos de Cristóbal Colón sirven de precioso, eficacísimo, prólogo a uno de los capítulos más interesantes de nuestra historia literaria y de nuestra literatura histórica: Las crónicas de Indias.

Cabe preguntarse: ante las cumbres inmarcesibles de nuestra literatura de creación, en esa cordillera en la que destacan como crestas majestuosas los Lopes, Cervantes, Quevedos, Garcilasos o Calderones, ¿qué lugar ocupan los Álvarez-Chanca, Bernal Díaz, Casas, Oviedos o López de Gómara? En un país como el nuestro, en que los libros de memorias son tan escasos (cuando no, con honrosísimas excepciones, harto pobres) la literatura de testimonio supondría frente a aquellos colosos poco menos que nada. ¡Poco menos que nada, caso de no existir las crónicas de Indias! Mas he aquí que existen y marcan junto con la mística y la picaresca uno de los tres vértices que delimitan la radical originalidad de nuestra literatura. Grandes dramaturgos, profundos y magníficos novelistas; delicados, graciosos, hondísimos poetas proliferan en nuestras letras... mas también en las ajenas. En cambio, la mística, la picaresca, y este género de literatura de testimonio que hoy nos ocupa, carece de parangón en la literatura universal.

Su tasación literaria no puede basarse en las elegancias de las sintaxis o en los primores del estilo —ajenos a humildes soldados como Bernal Díaz o a toscos marineros como Diego Méndez—, sino a la grandeza del relato. ¿Y qué grandeza mayor que los sucesos que culminaron con el descubrimiento, conquista y colonización de aquellas tierras innumerables de las que profetizó Colón que «no solamente la España, mas todos los cristianos tendrán [allí] su refugio y ganancia»?

La mayor cosa —escribe Gómara— después de la creación del mundo sacando la encarnación y muerte del que lo crió. «Y no son fruto estas palabras de una hispanofilia patriotera y exaltada.» El francés Hipólito Adolfo Taine, observador puntualísimo de los pueblos y las naciones, estudioso de los clásicos romanos *(Ensayo sobre Tito Livio)*, de los griegos *(Filosofía del Arte en Grecia)*, de la literatura inglesa (los escritores actuales de Inglaterra) y de su propio país *(Ensayos de Crítica y de Historia)*, escribió entre sorprendido y admirado: «Hubo un momento extraño y superior en la especie humana... de 1500 a 1700, España es acaso el país más interesante de la tierra.»[9]

Este momento extraño y superior fue descrito, antes que por la historiografía crítica moderna, por la literatura de testimonio de la época.

Las crónicas de Indias que remataron esta literatura de testimonio, fueron escritas bajo el signo del estupor y la grandeza. Y quien las lee no puede menos de sentirse sacudido, arrebatado por la grandeza y el estupor.

Cristóbal Colón fue el iniciador de este género literario; el prologuista de esta inmensa biblioteca que contiene los hechos acaecidos en los descubrimientos, cartografía, conquista, culturalización y evangelización de las tierras halladas en el Nuevo Mundo, Oceanía y Asia. Colón fue uno de los más grandes escritores de literatura de testimonio y, cronológicamente fue el primero de nuestros cronistas de Indias. Veámoslo.

9. *Correspondence*, de H. A. Taine, vol. IV, p. 74.

IX. LA CARTA A SANTÁNGEL

A punto de culminar el regreso de su primer viaje, y estando a la altura de la isla de Gran Canaria, Cristóbal Colón, poseído de la euforia, redacta, fecha y firma a bordo de la carabela *La Niña* una de las cartas más famosas del epistolario universal.[1] En ella se da cuenta del descubrimiento del Nuevo Mundo. No habrían de transcurrir ocho meses del desembarco de Colón y ya existirían de la misma diez ediciones en castellano, latín e italiano impresas en Barcelona, Amberes, Basilea, París, Roma y Florencia. Cuatro años más tarde ya correrían impresas diecisiete ediciones, incluyendo la de Estrasburgo y Valladolid.[2] El poeta italiano Giuliano Dati la imprime en verso: «La lettera dellisole che ha trouato nuouamente il Re dispaña...»

Los papeles que lleva Colón consigo son cuatro: la carta al escribano de ración de la casa y corte que acabo de citar y que fue la primera que se imprimió; una segunda carta dirigida al tesorero de los reyes, Rafael

---

1. La primera edición de esta carta se imprimió en la imprenta de Pedro Pusa, en Barcelona, en 1493. Una copia impresa de esta primera edición, ejemplar único, desgraciadamente perdido para España, se encuentra en la Lennox Foundation, de la New York Public Library. Don Carlos Sanz la ha publicado recientemente, con notas muy acertadas y eruditas.
2. La edición de Valladolid se imprimió en los talleres de Pedro Giraldi y Miguel de Planes, en 1497. Un ejemplar de la misma se conserva en el Archivo de Simancas, otro en la Biblioteca Ambrosiana, de Milán.

Sánchez, cuya versión original en castellano no conocemos, ya que sólo ha llegado a nosotros la traducción latina; y dos primorosos escritos que no fueron conocidos hasta el pasado siglo en que los descubrió y dio a luz la diligencia sin par de don Martín Fernández de Navarrete; el *Diario de a bordo* y la carta dirigida a sus católicas majestades (como prólogo o presentación del propio *Diario*) a los que titula: «Cristianísimos y muy altos y muy excelentes y muy poderosos Príncipes, Rey y Reina de las Españas y de las Islas de la Mar, nuestros señores.»

Colón desembarca en Palos de Moguer el 15 de marzo de 1493. Han transcurrido siete meses y trece días desde que las tres carabelas zarparon de aquellas mismas aguas rumbo a lo desconocido. Entretanto, en el espacio que separa Europa de Asia (a cuyas costas creía Colón haber llegado) un inmenso continente que corta el océano de polo a polo había sido descubierto.

Apenas hubo Colón desembarcado, recibió una mala nueva: los reyes se hallaban en el extremo más alejado de la península: Barcelona. Sin pérdida de tiempo se puso en camino hacia el gran puerto de Levante. No hizo el viaje solo. No le bastaba dar cuenta de palabra a los soberanos de cuanto había descubierto, entregarles en mano el manuscrito de su *Diario de a bordo*, desplegar ante ellos las cartas de navegación diseñadas o exponer sus proyectos para el futuro. Colón quería que los monarcas comprobaran por sus propios ojos las pruebas fehacientes de su aventura. Y así se llevó con él a unos indios que embarcó en Guanahaní, a siete mujeres que capturó en Cuba «de muy buen acatamiento» («que traen por delante de su cuerpo una cosita de algodón que escasamente les cobija su natura»),[3] dos niñas y un niño, una colección de papagayos vivos, centenares de plumas multicolores de pájaros exóticos, un pan de cera (porque según afirmaba, «donde había cera debía haber también otras mil cosas buenas»); muestras

---

3. *Diario de a bordo*: noticia correspondiente al martes 16 de octubre.

de resinas perfumadas como la almáciga;[4] unas espigas gigantes —nunca vistas en Europa antes de ahora— llamadas maíz,[5] plantas de hojas medicinales como el lignaloe; raíces con virtudes purgantes como el ruibarbo, y sacos llenos de especias, unas conocidas y otras no, con cuyo comercio pensó convertir nuestros reinos en un emporio de riqueza.

Cierto que no existe el inventario de lo que Colón llevó consigo en aquel viaje a pie desde Huelva a Barcelona, pero me he tomado la paciencia de anotar de su diario todo lo que él, a medida que lo capturaba o descubría se hacía el propósito de llevar. Así escribe en su *Diario de a bordo*, con fecha viernes 16 de noviembre de 1492:

«Pescaron también con redes y hallaron un pece, entre otros muchos, que parecía propio puerco, no como tonina el cual»... «...era todo concha, muy tiesta, y no tenía cosa blanda, sino la cola y los ojos y un agujero debajo de ella para expeler sus superfluidades. Mandólo salar para llevar y que lo viesen los Reyes».[6]

De haber cumplido con su propósito —cosa que no es prudente dudar dada la tenacidad de nuestro hombre— habría que añadir a la lista de lo transportado este inmundo monstruo marino capturado cuatro meses antes y cuya fetidez, a pesar del tiempo que va desde entonces a hoy, aún nos espanta.

Con esta caravana, en todo parecida a un circo ambulante, deteniéndose en cada aldea para maravillar a las buenas gentes con la exhibición de tales curiosidades; aclamado en villas y caminos por la plebe; honrado y probablemente agasajado en su ruta por los señores y *homes principales* a los que era muy aficionado, el viaje

---

4. «Estando así vino el contramaestre de *La Niña* a pedir albricias al almirante porque había hallado almáciga»... «la cual guardó para llevar a los Reyes» (*Diario de a bordo*: noticia del 5 de noviembre de 1492).

5. En la relación de su tercer viaje relata Colón cómo los indios le dieron de comer pan. Y añade: «debe ser dello de maíz ques una simiente que hace una espiga como una mazorca que llevé yo allá, y hay ya mucho en Castilla». Si había mucho en Castilla, en 1498, deduzco que Colón lo llevó allá no en su segundo viaje, sino en su primero.

6. *Diario de a bordo*: noticia del viernes 16 de noviembre de 1492.

hasta Barcelona se presentaba de una desesperante lentitud. Presumiéndolo, Colón mandó por delante un emisario, un heraldo con su famosa carta, dirigida a su protector y financiador Luis de Santángel.

La primera noticia que tenemos de la misma se conserva en el libro de actas capitulares de la ciudad de Córdoba.[7] En este documento consta cómo un mensajero trajo una carta de Colón dando cuenta del hallazgo de tierras desconocidas. Tanta importancia dieron los cordobeses a la comunicación recibida que ordenaron se suministraran ropas al correo con cargo a los haberes de la ciudad, así como un buen puñado de maravedíes para que siguiese viaje a Barcelona. La fecha de esta primera referencia escrita en la carta de Colón es la del 22 de marzo de 1493, siete días, por tanto, después del desembarco.

Muy rápido debió de correr el heraldo, ya que sólo ocho días más tarde, 30 de marzo, los reyes escriben a Colón desde Barcelona; le titulan «Nuestro Almirante del Mar Océano» y le ruegan se apresure en llegar a la corte.[8]

El almirante, precedido de tales mensajeros cruzó la península en olor de multitud. Dada la fecha de las primeras diez ediciones de su famosa carta, publicadas todas ellas en 1493, no sería de extrañar que cuando llegó Colón a la Ciudad Condal ya estuviera su texto en manos de los impresores.

Dejemos al descubridor en su lentísimo viaje acarrear papagayos, indias desnudas, especies desconocidas y puercos marinos, gozando de su primera y bien ganada popularidad a través de la península, y saltemos a la corte misma, donde, amén de los reyes, le esperan al menos cuatro personas íntimamente relacionadas, tanto con él cuanto con el tema de esta disertación: sus

---

7. Carlos Sanz, *La carta de Colón* anunciando el descubrimiento del Nuevo Mundo, Gráficas Yagués, Madrid, 1968.
8. En el sobrescrito de esta carta, fechada por Fernando Álvarez por mandato del rey y de la reina se lee: «a D. Cristóbal Colón su almirante del mar océano e visorrey e gobernador de las islas que se han descubierto en las Indias». Esta carta, cuyo original procede del archivo de Veragua, fue recibida por Colón durante el camino.

dos primeros historiadores y los dos destinatarios de otras tantas cartas suyas.

El primero es nada menos que Gonzalo Hernández de Oviedo, quien contaba a la sazón catorce años, que sería, andando el tiempo, el primer historiador de esta América recién descubierta, a quien la cesárea majestad de Carlos V designaría, al correr de los años, «Cronista Oficial de las Indias»[9] y a quien debemos el conocimiento de alguno de los ejemplares humanos que componían la exuberante y pintoresca caravana que se desplazaba hacia la Ciudad Condal. El segundo, Pedro Mártir de Anglería. El tercero, Rafael Sánchez. El cuarto, mosén Luis de Santángel, el caballero aragonés oriundo de Valencia, que ya conocemos y que fue el financiador de la primera expedición. Interesante sujeto. Comencemos por decir algo del más joven de los historiadores.

Al divulgarse la noticia del hallazgo de aquellas islas innumerables, la conmoción que sacudió a toda la cristiandad fue vivida por este perspicaz y sensible adolescente desde el más privilegiado observatorio del mundo: la corte de los reyes que patrocinaron la expedición.

Un año antes había gozado Hernández de Oviedo un privilegio semejante al presenciar la entrega de Granada a los monarcas católicos. Para un futuro historiador de América no fue mal principio haber sido testigo, junto con Cristóbal Colón, de aquel hecho de armas que ponía fin a los siete siglos de dominio islámico en la península. Escribe Colón: «Por fuerza de armas vi poner las banderas reales de Vuestras Altezas en las torres de

---

9. Con fecha 7 de mayo de 1532, el Consejo de Indias propuso al monarca que «Gonzalo Hérnandez de Oviedo, vecino de la Española [quien] ha tenido cuidado e inclinación de escribir las cosas de las Indias» y «ofrece llevar adelante su trabajo si se le da algún salario para el gasto de recoger material» se le designe para este cargo.

El monarca responde con feha 18 de agosto de 1532: «Pues os parece que Gonzalo Hernández de Oviedo lo hará bien, por haber estado tanto tiempo en aquellas partes, por la experiencia y noticia que tiene de las cosas dellas, dadle cargo dello.» A continuación le asigna 300 000 maravedíes en cada año para que «escriba las cosas de las dichas Indias complidamente e por buen estilo». Véase el interesante y erudito *Estudio preliminar de Juan Pérez de Tudela acerca de Hernández de Oviedo*, Biblioteca de Autores Españoles, tomo 117.

la Alhambra...» Escribe Hernández de Oviedo, refiriéndose a lo mismo: «...y yo me hallé allí aquel día», «...y no se olvidará a los que allí se hallaron». Escribe Juan Pérez de Tudela: «La toma de Granada, que presencia (Oviedo) con otros adolescentes de la compañía del príncipe don Juan...» Escribe Colón: «Y vi salir al rey moro a las puertas de la ciudad y besar las Reales manos de Vuestras Altezas y del Príncipe mi Señor.» Junto a este príncipe estaba un primo hermano suyo, el duque de Villahermosa y, con él, su criado, paje y compañero de juegos, el niño Gonzalo Hernández de Oviedo. Ni Colón supo nunca que aquel muchachuelo iba a ser su primer historiador, ni al paje pudo ocurrírsele que, andando el tiempo, su propio nombre y fama irían indeleblemente unidos a los inciertos resultados de la colosal empresa que por aquellos días Colón patrocinaba. Pasan catorce meses. El futuro historiador ya no es paje de un primo del príncipe heredero: ahora lo es del propio príncipe. Y un buen día, al filo de la primavera de 1493 llega a la corte, instalada en Barcelona, la nueva prodigiosa. Aquel Cristóbal Colón que tanto importunó en Córdoba y en Granada con sus locos empeños y al que, al fin, se le dieron tres naves para que probara sus teorías, ha conseguido su propósito. El escribano de ración de la casa y corte del rey ha recibido una carta suya. Se dice que Colón ha desembarcado en el mismo puerto de donde zarpó ocho meses atrás y que trae consigo las muestras más extrañas de hombres, pájaros, peces y plantas de razas y especies desconocidas.

Pocas semanas más tarde la ciudad se conmueve con una nueva emoción. Ya no son noticias, cartas ni rumores los que llegan, sino que es el propio descubridor quien avanza por las calles al frente de su museo de rarezas. Los monarcas no le hacen esperar para recibirle, como tantas otras veces en Córdoba o en Granada. Lejos de esto «fue muy benigna e graciosamente rescebido del Rey e de la Reyna».

Colón, repito, no especifica el material botánico, zoológico, mineral y humano que llevó a los reyes, aunque sí, como antes dije, el que pensaba llevar. Yo hice el paciente recuento de estos propósitos; Gonzalo Hernández de Oviedo, confirma la existencia de los indios que se trajo el almirante y nos da de ellos noticias preciosas y singularísimas, como la del bautismo de los mismos, que son apadrinados nada menos que por sus católicas majestades. A uno de ellos se le puso el nombre del rey, don Fernando de Aragón; a otro el del príncipe heredero: don Juan de Castilla, de quien se aficiona tanto el primogénito de los soberanos que quiere que se quede para siempre «en su Real Casa, y que fuese muy bien tratado e mirado, como si fuera hijo de un caballero principal a quien tuviera mucho amor». Y así fue. Oviedo lo llegó a ver «en estado que hablaba ya bien la lengua castellana».[10]

De todo esto fue testigo Hernández de Oviedo desde los aledaños del joven príncipe don Juan, llamado por ley de sangre a heredar los inmensos imperios de los que el almirante había tomado posesión en nombre de los Reyes Católicos.

Estas experiencias —y su corolario de emociones, sugestiones y acicates a la noble y fecunda curiosidad— marcaron para siempre la vida de aquel mozalbete de catorce años. Mucho tiempo después, al recordarlo, Oviedo antepondrá al relato estas solemnes palabras de san Gregorio y que es, por cierto, una acertada máxima de lo que debe ser la literatura de testimonio: «Con menos autoridad enseña el que habla las cosas que oyó, que aquel que dice las que vio.»[11]

El segundo individuo que esperaba impaciente a Colón, era el tantas veces citado Santángel, a quien los reyes se precipitaron en devolverle el dinero que adelantó para que empresa tan grande como la que entonces se iniciaba no fuese patrocinada por un particular, sino por la Corona. Gran visión fue aquélla debida sin duda a la sagacidad del rey católico don Fernando.

El texto de la carta, la primera carta dando cuenta del descubrimiento, comienza así:

---

10. Gonzalo Hernández de Oviedo, *Historia General y Natural de las Indias*, cap. VII.
11. Gonzalo Hernández de Oviedo, *Historia General y Natural de las Indias*, cap. VII.

«Señor: porque sé que habréis placer de la gran victoria que Nuestro Señor me ha dado en mi viaje vos escribo ésta, por la cual sabréis cómo en treinta y tres días pasé a las Indias con la armada que los Ilustrísimos Rey y Reina me dieron, donde yo hallé muchas islas pobladas por gentes sin número y de ellas he tomado posesión por sus Altezas con pregón y bandera real extendida y no me fue contradicho.» Y la carta dirigida a Rafael Sánchez concluye con estas palabras exaltadísimas, eufóricas hasta el paroxismo, pero en cierto modo proféticas:

«Celébrense procesiones, háganse fiestas solemnes, llénense los templos de ramos y flores; gócese Cristo en la Tierra cual se regocijó en los cielos.» «Regocijémonos así por la exaltación de nuestra fe como por el aumento de bienes temporales de los que no sólo habrá de participar la España sino toda la Cristiandad.»

Cuenta Colón cómo la primera de estas islas la bautizó con el nombre de Dios, San Salvador («en conmemoración de su Alta Majestad que tales cosas [me] ha dado», son sus palabras); la segunda, con el de la Virgen, Santa María de la Concepción; la tercera, con el del rey, Fernandina; la cuarta, con el de la reina, Isabela; la quinta, que es Cuba, con el del príncipe heredero, Isla Juana; la sexta, con el nombre del país descubridor, La Española.

¿Puede darse una más cabal, minuciosa y justa ordenación de jerarquías?

El almirante desarrolla a continuación el curso de su viaje: describe las costas, los grados de longitud y latitud, calcula las distancias. Alguna de sus precisiones son sencillamente asombrosas: «Puedo decir —escribe refiriéndose a Cuba— que esta isla es mayor que Inglaterra y Escocia juntas», como así es, en efecto, no por su área mas sí por la extensión de sus costas, que es a lo que él se refería. Describe Colón los árboles, las montañas, las flores, los pájaros... «Y tengo dicho que [estos árboles] jamás pierden la hoja, según lo comprendí, que les vi tan verdes y tan hermosos como [lo] son por mayo en España. Y dellos estaban floridos, dellos con fruto y dellos en otro término según su calidad. Y cantaba el ruiseñor y otros pajaricos de mil maneras en el mes de noviembre allí donde yo estaba.»

El orden que sigue en sus descripciones es el mismo del *Génesis*: primero las aguas, la tierra después; más tarde las plantas, los animales luego; por último, el hombre.

¡Ah; el hombre! ¿Qué hombres eran ésos? ¿De dónde venían? ¿De dónde vinieron? Colón creía haber llegado a las costas de Asia. Tenían razón los cosmógrafos de Salamanca cuando decían que la Tierra era más ancha de lo que Colón afirmaba. Tenían razón. Mas, ¿cómo imaginar que en el camino sugerido por Colón para llegar a las Indias orientales por Occidente hubiese un inmenso continente desconocido, insospechado, poblado por millones de seres cuya existencia era ignorada por el resto de los hombres que habitaban la Tierra?

«Andan todos desnudos —escribe Colón— hombres y mujeres, así como sus madres los paren.»

Las noticias que nos da de estas razas desaparecidas maravillaron a toda la cristiandad, y, aun hoy, son de un valor antropológico admirable. No eran negros como en Guinea, sino del color de los canarios;[12] sus cabellos eran oscuros y lisos; conocían el fuego y fundían metales, pues llevaban objetos labrados de oro en el cuerpo, mas no tenían hierro ni sabían qué cosa era; eran «gente bien dispuesta y de hermosa estatura salvo que son muy temerosos a maravilla». Insiste Colón en éstos varias veces. Los indios eran cobardes. Si los españoles se adentraban en alguna villa para «haber fabla» con ellos, éstos «después que los veían llegar fuían [todos] a no aguardar padre a hijo».

Al comentar Colón que ha dejado en La Española a un puñado de sus compañeros «con armas e artillería e vituallas para más de un año», vuelve a aludir a la cobardía de los indios. No hay peligro alguno para los

---

12. Esta comparación del color de los indios semejante al de los guanches, pertenece al *Diario de a bordo* (noticia correspondiente a los indios de Gunahaní, donde permaneció desde las 2 horas del 12 de octubre hasta después de mediodía del domingo 14), pero tanto en este texto como en las cartas a Santángel y a Rafael Sánchez, insiste en que «no eran negros como en Guinea».

cristianos; «la gente que allá queda es» más que suficiente «para destruir aquella tierra» si preciso fuere, pues los pobladores «no saben qué sean armas, y andan desnudos y, como ya he dicho, son los más temerosos del Mundo»...

«Es isla sin peligro de sus personas —concluye— sabiéndose regir.»

Habla Colón en otro lugar de su carta de unas cañas que usaban los indios con un palito puntiagudo en su extremo. ¿Eran lanzas? ¿Eran cañas? ¡Ah, qué pronto las cañas se volvieron lanzas! ¡Qué lejos estaba Colón de sospechar lo que iba a acaecer! Cuando regresó en su segundo viaje a buscar a los españoles, ni uno solo de los 43 que allí dejó quedaba con vida.

En el relato estremecedor que el doctor Álvarez Chanca hizo al cabildo de Sevilla, de los avatares de la segunda expedición, cuenta el dolor y la ira que causó al almirante la exterminación —por aquellos que eran «temerosos a maravilla», que corrían delante de los hombres blancos «sin aguardar padre a hijo» de aquella primera colonia europea establecida en las Indias, «sin peligro de sus personas»... (!!)[13]

Séneca, en su profecía del siglo I de nuestra era, no nos dijo si esa «tierra inmensa» que sería descubierta «en los tardos años del mundo» estaría o no habitada. Tampoco Raimundo Lulio, quien se limita a aludir a un continente «que se supone haber en las regiones opuestas» hacia el Oeste. Los tartesos de lengua ibera y escritura céltica que dejaron allá sus inscripciones, no nos dan ningún indicio de haber hallado aborígenes en aque-

---

13. En el Archivo de Indias de Sevilla existe un curiosísimo documento: se trata de un pregón público en el que se comunica a los herederos de cuantos perecieron en el fuerte de Navidad para que «vayan a la casa de la contratación de Sevilla con los poderes y probanzas bastantes, e luego los oficiales de Sus Altezas se los pagaran, conforme a lo que Su Alteza manda pagar por descargo suyo y de la Reina doña Isabel, Nuestra Señora de gloriosa memoria».

Este texto mandado pregonar por el rey católico después de la muerte de la Soberana está precedido de los nombres de aquellas primeras víctimas del descubrimiento. Suman 40, pero faltan tres nombres: Diego de Arana, Pedro Gutiérrez y Rodrigo de Escobedo. Todos ellos citados por Colón en su *Diario de a bordo*.

llas lejanas regiones donde buscaban estaño para fabricar bronce. Sólo en la *Divina comedia*, Dante Alighieri pone en boca de Ulises estas palabras: «No os neguéis a conocer el mundo SIN HABITANTES que se encuentra siguiendo la ruta del sol.» A Colón no le sorprendió encontrar gentes en las tierras recién halladas, porque en su obcecación creía haber llegado a las costas orientales de Asia. Y murió sin abandonar su error, pero para nosotros que sabemos que el nuevo continente estaba aislado, perdido en el centro de los océanos, lejos de los mundos conocidos, no podemos dejar de repetirnos los interrogantes más arriba citados «¿qué hombres eran éstos? ¿de dónde venían? ¿de dónde vinieron?». Colón cometió la imprudencia de dejar entre ellos a los componentes del fuerte de Navidad, construido con los restos de la nao capitana, la *Santa María*, cuando aquélla encalló en las costas de Haití, y todos, sin faltar uno, fueron exterminados por los naturales. Según cuenta Colón a mosén Luis de Santángel, las muchas islas que halló en su primer viaje, estaban «pobladas por gentes sin número». Y esta habitabilidad, esta *habitacionalidad* del nuevo continente es uno de sus mayores enigmas. De ello hablaremos en los capítulos inmediatos.

X. EN LOS ALBORES DEL NEOLÍTICO

Uno de los grandes misterios que afectan al Nuevo Continente es el del origen de las razas que tal vez en los albores del Neolítico, si aceptamos la teoría de Teilhard Chardin, llegaron a las inmensas soledades de esas tierras hasta entonces incógnitas. Tan olvidados están que a la sola mención del Descubrimiento, trasponemos los términos y trastocamos la Historia ya que en sentido estricto los primeros que a ellas llegaron son los verdaderos descubridores. España encontró lo ya encontrado; dio la réplica a una hazaña que otros hicieron antes. Lo que España descubrió fue un camino —un camino de ida y vuelta que cambió la faz de la Tierra—. En las líneas que siguen, vamos a enfrentarnos con los grandes olvidados, con los que vinieron del otro lado del Pacífico, del fondo luminoso de Asia, llevando el sol del alba de frente y no a sus espaldas; tomar el pulso a quienes por primera vez pisaron las playas del continente deshabitado, y lo poblaron.

Porque hubo una «víspera» en que el sol podía escudriñar de polo a polo la rugosa superficie de América sin hallar vestigios de nuestra especie. Y hubo un «día siguiente» en que el hombre —ese prodigio— ya escalaba sus farallones y despeñaderos. Y palpaba la tierra con voluntad de conquista. América tuvo, pues, un primer día y unos primeros hombres de estirpe asiática. Ellos fueron real y verdaderamente, como decimos, los solos descubridores.

¿Quiénes fueron, cuántos fueron, cómo y de dónde y

por dónde vinieron los primeros pobladores de América? Discrepo radicalmente de la teoría del jesuita español José Acosta, quien en el siglo XVII afirmó que América fue poblada por los descendientes de una única expedición que cruzó a pie los hielos del estrecho de Behring entre la península de Kamchatka, en la Siberia occidental, y las tierras de Alaska, en el extremo oriental del Nuevo Mundo, a pesar de ser esta hipótesis la más extendida, creída y divulgada por antropólogos y etnólogos americanos y europeos, incluso en la actualidad.

En mi libro *Los mil y un Descubrimientos de América*,[1] escribo que con harta probabilidad hubo sí invasiones que por allí llegaron, mas no fueron las únicas, pues el hombre invirtió mucho más tiempo en conquistar las tierras frías que los mares cálidos.

No fue, por supuesto, una arribada premeditada, realizada de una sola vez, al estilo colombino. Fue el viaje prodigioso no de unos centenares de hombres, sino de unos centenares de generaciones desde Malasia, China o Japón, en juncos o en balsas, árboles vaciados o troncos enlazados —kontiquis del Neolítico—, a saltos cortos de isla en isla hacia la Micronesia, la Melanesia, la Polinesia... Fue un lentísimo avance de nuestra especie a través de los siglos sobre esas islas pulverizadas en el océano y que, vistas sobre el mapa, son al Pacífico lo que la Vía Láctea a nuestro firmamento.

¡Qué turbadora imagen! ¿Logrará un día nuestra especie poblar los archipiélagos del cielo —que el hombre de nuestro tiempo mira «ya» con ojos de presa en la inmensidad del espacio— como poblaron los hombres de antaño las constelaciones de islas en la inmensidad de la mar? ¿Es que acaso los astros están más lejos *hoy* para la ambición del hombre de lo que aquellas islas lo estaban *ayer* para quienes lograron poseerlas?

La mera hipótesis ambulante me parece tan incompleta como innecesaria, porque deja sin demostrar cómo fueron pobladas las Hawai, pongamos por caso, o la isla chilena de Pascua, la antigua Rapanui, por citar tan

---

1. Ediciones de la Revista de Occidente, Madrid, 1968.

sólo algunas de las muchas en las que quedan vestigios de antiguas y misteriosas civilizaciones.

Oceanía se extiende por el Pacífico entre las costas orientales de Asia y las occidentales de América. Sus centenares de miles de islas se fueron poblando a través de los milenios en dirección contraria a la ruta del Sol, de suerte que las más próximas al Asia fueron las primeras, y, las más alejadas, las últimas en que se asentó el hombre con voluntad de conquista. ¿Cómo negar que América fue fruto del último salto de este avance de la especie humana por el océano más grande de la Tierra?

Para los hombres que hasta allí llegaron, los Andes con sus cumbres nevadas y relucientes por el sol de poniente fueron a través de los siglos un heliógrafo prodigioso guiñando señales como un faro diurno desde el continente deshabitado invitando a dar el último paso a los más próximos: punta de lanza de los más audaces, lejanos brotes de la estirpe que desde el mar de la China iniciaron milenios atrás la fascinante aventura.

El jesuita español Lorenzo Herbas y Panduro, uno de los más grandes filólogos que han sido (un «audaz» también él de la investigación y la intuición: piedra de escándalo de sus contemporáneos), fue el primero que señaló, perplejo —en el siglo XVIII—, las sorprendentes analogías idiomáticas entre las treinta y cuatro lenguas indígenas de América del Sur, de las que creó sus gramáticas, y el malayo.

Resulta de todo punto evidente que las inmigraciones fueron muchas (o al menos varias) y de diversas culturas, cuyas arribadas tal vez estén separadas por decenas de siglos. No es preciso ahondar mucho para demostrar eso. Basta observar las inmensas diferencias étnicas, que se aprecian entre un apache, un guaraní, un maya, un inca o un olmeca. Pero también y sobre todo en las innumerables manifestaciones culturales que nos han legado y que son testimonio sobreabundante de sus muy distintos orígenes. Con todo, sean cuales fueren las distancias cronológicas entre las primeras y las últimas inmigraciones, todas proceden del Neolítico y ninguna —salvo la española— excede de esta Era. Esta última afirmación merece (y exige) ser expuesta con cierto detenimiento.

En el Neolítico, aunque itinerante, se inicia la agricultura; se domestica al perro, pero no al caballo ni a ningún otro animal de tiro o transporte (hecho que no ocurre hasta la Edad de Bronce); se funden metales, pero se desconoce la aleación: ya existía la artesanía cerámica ornamentada, pero no la textil, que es, precisamente una de las actividades definitorias del Neolítico; el hombre no vive ya en cavernas o refugios naturales, sino que con adobes, piedras, maderas y ramas enlazadas construye los paramentos de sus viviendas y sus techados. La atención a las cosechas obliga a la observación de los ciclos estacionales, y éstos provocan a su vez el estudio del movimiento de las estrellas y de las posiciones del Sol, la Luna y los planetas. El firmamento es observado por el hombre y se intenta, por razones agrícolas, la confección de un calendario.

Los primeros pobladores de América desarrollaron todos estos conocimientos: eran grandes ceramistas y tejedores, fundían el oro, pero no lo utilizaban —ni éste ni otro metal— para la fabricación de utensilios, sino para la ornamentación de sus casas o sus personas; trabajaban y pulían la piedra, como la negra obsidiana, con la que hacían cuchillos y puntas agudísimas de lanza; vivían en casas propias fabricadas y erigidas por sus manos (y no en cuevas naturales), y llegaron a ser grandes astrónomos. Pero desconocían la rueda... y son anteriores a la domesticación de cualquier otro animal salvo el perro.

La antigüedad del hombre americano, hay tanto que fijarla no por los conocimientos que tenía, sino por aquellos de que carecía, cuando llegaron los españoles. De haber errado Teilhard sería en menos, pero no en más antigüedad. Pudo haber, en efecto, migraciones anteriores al Neolítico, puesto que había tribus que se alimentaban sólo de la caza, desconocían la agricultura y vivían en cavernas; mas no posteriores, puesto que no conocían la rueda ni la doma de otro animal —como ya dijimos— que la del perro.

¿Puede afirmarse que todas las inmigraciones primitivas proceden del Asia? Ciertamente, no. Alrededor del siglo XV antes de Cristo, comienza a desarrollarse en el golfo de México —es decir, en la cara de América que mira a Euroáfrica— una civilización de gran potencia y que se considera la primera que merece tal nombre en el continente americano por parte de una raza que hoy conocemos por el nombre de olmeca. Eran grandes escultores, amigos de lo colosal, como los egipcios, y se conservan gran número de inmensas cabezas talladas en piedra de más de un metro de diámetro. Primera sorpresa. Sus facciones no son asiáticas sino africanas. No son negras, sino negroides: pómulos salientes, labios gruesos, ojos apaisados y redondos, y rostro muy ancho como el de los nubios que habitaron entre las orillas del Nilo y el mar Rojo, a caballo de dos poderosas civilizaciones africanas: las más antiguas, las más poderosas, las más insignes: la etíope y la egipcia. Los olmecas son los introductores en América de las primeras pirámides truncadas, como las del más primitivo Egipto denominadas «mastabas» o de graderías, cuyo ejemplo más notable es la de Sakkara en la linde del desierto con Libia.

A medida que se desarrolla esta civilización —cronológicamente la primera, y anterior, por tanto, a la maya— comienza a apreciarse en sus dibujos, bajorrelieves y estatuillas, una variación en sus facciones: sus ojos comienzan a achinarse. Conservan la anchura del rostro, típica de los habitantes de la antigua Nubia, y sus labios y pómulos africanos..., pero sus ojos se han vuelto oblicuos..., cosa que no acontece en modo alguno en sus primeras manifestaciones, cuando esculpieron las efigies de sus colosos, que se conservan en la ciudad de Villahermosa, del estado mexicano de Tabasco. Este achinamiento, esta «asificación» de sus facciones se debe con harta probabilidad a cruces posteriores de sangre con razas procedentes de Asia.

Pero ellos mismos, ¿de dónde vinieron? No faltan quienes aludan a la Atlántida, el continente intermedio, sumergido tanto en el fondo de los mares como en la memoria del tiempo, y del que sólo quedó entre los griegos la tradición oral, hecha leyenda, de haber existido. ¿Y blancas? ¿Hubo inmigraciones blancas con anterioridad a la época histórica? No quedan vestigios raciales ni escultóricos. Sólo queda la leyenda —que aún estaba viva entre los aztecas— de un hombre blanco y barbudo, que vino de Oriente, y a Oriente se volvió antes de su muerte..., prometiendo regresar algún día de allí donde partió. Las razas mesoamericanas lo veneraron como a un dios bajo el nombre de Quetzalcóatl —Serpiente emplumada— y Moctezuma llegó a creer que Hernán Cortés no era otro que él.

Lo cierto es que América, a la llegada de los españoles, en las postrimerías del siglo XV, estaba poblada por millones de seres, herederos de otras culturas anteriores que ya habían fenecido (como la maya, como la olmeca) y que ni los hombres ni sus bagajes culturales surgieron aquí espontáneamente.

Cuando se habla de la influencia egipcia, por las pirámides y los colosos de piedra; o de la influencia babilónica o asiria, por la hechura de sus monumentos civiles arquitectónicos; o de India, por algunas manifestaciones folklóricas y vestigios gastronómicos; o de China por la apabullante semejanza de sus bajorrelieves con los de los mayas... hay que aceptar que las civilizaciones amerindias ya llevaban en sí un germen cultural, que se desarrolló más tarde —de acuerdo con sus orígenes—, lo mismo en el Valle del Nilo que en el golfo de México, a orillas del río Amarillo en China o a la sombra del Popocatépetl de los aztecas.

Son ramas de un mismo tronco que se desgajaron —insisto en ello— antes de la doma del caballo, de la utilización de la rueda, de la aleación de los metales y del desarrollo de un vago balbuceo de incipiente escritura.

Las riquezas arqueológicas mexicanas, guatemaltecas, colombianas y peruanas exceden toda ponderación, tanto por lo ya conocido como por lo que queda por conocer.

Lo que está todavía en sus albores es la cabal interpretación de los legados de un asombroso pasado. El oculto lenguaje de las piedras... ¡he aquí lo que falta por descubrir!

Salvo la hipótesis africana de la migración olmeca, con anterioridad a ella, América fue descubierta, ganada y fecundada por los descendientes de quienes, desde el sudeste de Asia, iniciaron la estupenda expansión de horizonte en horizonte, por la incógnita del gran mar. Decenas de miles de años después, lejanos vástagos de su casta vieron llegar sobre las olas, creyéndolas pájaros, hinchadas de viento, las naves isabelinas.

El linaje humano coronó entonces una proeza hasta hoy silenciada: la de ceñir por primera vez y para siempre al planeta en que nacimos con su mano temeraria. Porque si bien Elcano, treinta años más tarde, sería el primer hombre que consiguiera circunvalar la Tierra con la estela de sólo sus naves, lo cierto es que el día en que Colón pisó la arena de Guanahaní, en el instante mismo en que uno de los suyos posó sus manos sobre los hombros de uno de aquellos indígenas, pudo decirse que *la especie humana la había circunvalado ya.*

Ésta es la gloria del doce de octubre, sobre la que han patinado sin verla, legiones de plumas: la culminación de un ciclo pavoroso, iniciado en las mismas raíces del árbol biológico: la conquista de la Tierra por el hombre. Porque, cuando el primer *sapiens* alzándose sobre sus plantas dio el primer paso, la tierra hollada por sus pies ya era tierra conquistada.

En el crepúsculo del siglo décimo quinto los españoles *descubren* a los nietos lejanos de quienes viniendo de Asia *descubrieron*, milenios atrás, la sede que había de ser escenario del fascinante encuentro, de la cita prodigiosa. ¿A quién cupo la palma del primer contacto físico? Nada sabemos de él. Y no obstante, aquel navegante innominado que abrazó o enlazó sus manos con uno de los recién hallados estaba cerrando un penoso, mágico proceso. Ambos protagonistas son ramas de un mismo tronco separadas desde los orígenes para la conquista de la Tierra, que emergieron de los opuestos horizontes y que ahora, por primera vez, se juntan. Ignoran que al enlazar sus manos están anudando, aprisionando, la redondez del planeta; que están abrazando, poseyendo, a la Tierra misma; y que esta posesión que ahora culmina se inició en los principios alucinantes de la Especie.

XI. LOS POBLADORES DEL MAR

Acerca de la precedencia cronológica de olmecas sobre mayas y de los distintos orígenes de unos y otros (africano el de los primeros; asiático el de los segundos) existe un relato —ficticio— que coincide plenamente con los criterios antes expuestos acerca de las más primitivas e importantes culturas mesoamericanas. No es un relato inédito, pero me place insertarlo aquí (con la anuencia del autor, muy íntimamente relacionado con el de *América y sus enigmas*) [1] no sólo por la coincidencia en la interpretación de los hechos, sino por otras que aún no han sido expuestas. En los gustos y costumbres prehispánicos del pueblo mexicano y de algunos centroamericanos pueden apreciarse vestigios inconfundibles de muy distinta procedencia asiática: en el arte, de China y Corea; en la gastronomía, de India y Paquistán; en el lenguaje, de Indonesia y Japón, como ya dijimos que afirmó el sabio jesuita conquense don Lorenzo Herbas y Panduro. Esto puede entenderse o bien por distintas migraciones o bien por proceder los mayas no de la costa sino del centro de Asia, explicación atribuida al escriba Niram encargado de perpetuar —en la ficción del cuento— los orígenes y la historia de su estirpe. Dice así:

1. Yo soy la mano que escribe la Historia del Hom-

---

1. Nota del editor: Es una ironía de quien lo escribe, ya que *Pobladores del mar* es un relato escrito por el mismo T. L. T. incluido en su novela *Los hijos de la lluvia*.

bre, el hocico del perro que rastrea las huellas del tiempo, el ojo de los muertos, la oreja de los dioses. Mi nombre es Niram, y soy nieto de los nietos de los hombres que emprendieron la conquista del mar.

2. Nuestra estirpe procede de las montañas más altas de la Tierra, allí donde no llegan las águilas y las nieves de las cimas se hermanan con las estrellas.

3. Mahucutah, Nuestro Señor, emigró de las cumbres cuando el reino fue usurpado por Xibalba, su hermano, quien se alió con nuestros enemigos los hombres de la Tartaria. Y entonces fue el éxodo.

4. De esto hace siete generaciones, y todo está escrito en los anales de nuestro pueblo.

5. Mis antepasados descendieron de las montañas, y llegaron al país de los santos, que hacen penitencia atravesándose la piel con púas y clavos y, al son de las flautas, saben amaestrar serpientes.

6. Desde el país de los santos llegaron a la Nación del Elefante Blanco donde la tierra es plana; atravesaron estepas hostiles, desiertos estériles, junglas inhóspitas, donde el tigre es rey. Y vadearon ríos innumerables.

7. De la Nación del Elefante Blanco pasaron al Imperio de los Hombres de Piel Amarilla, cuyas mujeres deforman sus pies y, en cuyas pagodas, lo mismo se adora al viento que al agua, al fuego o al gusano que da la seda.

8. Dos generaciones tardaron los míos en cruzar el Imperio. Muchos de los nuestros trajeron de allá mujeres: recias para el trabajo, indolentes y altivas ante el sufrimiento, humildes y serviciales para el hombre, dulces para el amor.

9. Nunca los ojos de Mahucutah descansaron ante la majestad del mar. La noche llegó a sus ojos el año 27 de la diáspora. Fue enterrado en un lugar que en la lengua del Imperio significaba «Tierra del Dragón y del Almendro». Y su tumba fue cubierta con millares de flores de loto, rociadas con las lágrimas de todo su pueblo.

10. Fue en tiempos de Chuchumachic, su nieto, cuando llegaron a la costa y acamparon: «¿Vamos a contentarnos —le dijo— a ser siempre extranjeros en tierras de otros? Construyamos cuantas naves necesite-

mos, crucemos el mar, y poblemos sus islas, donde seremos señores.» Y así fue.

11. Chuchumachic fue quien dijo esto y Tohil, su hermano —de quien desciendo—, el encargado de escribirlo, así como la historia de nuestro éxodo: honor hereditario que ha llegado hasta mí.

12. Del país de las mujeres de pies deformes donde crece el arroz y nace el gusano que da la seda, mucho aprendimos; grandes fueron los tesoros que nos legaron. El más preciado, la escritura, porque mis primeros antepasados no la conocían.

13. Por eso soy yo ahora la mano que escribe la Historia del Hombre, el hocico del perro que rastrea las huellas del tiempo, el ojo de los muertos, la oreja de los dioses.

14. Llegamos a la Isla de los Canguros, habitada por gentes de rostros disformes, y tan rudas que se comen entre sí. Pero poseen un palo mágico que arrojan contra los pájaros y monos y el arma vuelve sola a la mano de quien la lanzó. Más allá, hacia el rumbo por el que nace el sol, muy pocas estaban habitadas. Y más lejos, ninguna.

15. Mi estirpe ha ido poblando, generación tras generación, las islas de la mar. Unos quedaron allí para siempre; otros, tuvieron por lema no descansar en ninguna, y seguir, siempre seguir, a otra más lejana, y de allí a otra, hasta que mis antecesores llegaron a Rapanuí, la que creían que no tenía un más allá.

16. En esta isla permanecieron por tres generaciones; trajeron piedra labrable de otras islas volcánicas por las que pasaron antes, y erigieron efigies colosales a los dioses.

17. En Rapanuí tuve el privilegio de nacer yo y de participar en la gran aventura, porque, desde la que fue mi cuna, se dio el último gran salto para la conquista de la Tierra.

18. En aquel tiempo había un hombre llamado Hui-Pil-Ic, que estaba en la costa, de noche, tendiendo redes, cuando creyó ver una lumbre intermitente sobre el mar.

19. Era como una fogarada difusa, un vago resplandor, un parpadeo de luz donde antes sólo había sombras.

20. Atemorizado, corrió tierra adentro a despertar a su amo, porque él era sólo un *ichcah*, y trabajaba para otro.

21. El amo le dijo: «¡Deja descansar a tu señor si no quieres que te mande clavar astillas bajo las uñas de los pies! ¿Has perdido el entendimiento, hombre sin juicio?, ¿dónde oíste decir que puede arder el mar?»

22. Ante la insistencia del *ichcah*, levantóse su amo y otros hombres de la casa y se dirigieron a la costa. Ellos fueron quienes a gritos despertaron a la ciudad para que contemplásemos lo que ellos ya habían visto.

23. El resplandor era como el que se advierte por debajo de la línea del horizonte cuando la luna va a salir, sólo que no era del color de la leche sino de la sangre y no era una luz quieta sino chisporroteante como si un dragón que echase fuego por los ojos los abriese y cerrase de continuo.

24. Absortos y asustados permanecimos la noche en vela contemplando el fenómeno e intentando interpretar su incógnito significado. Al comenzar a clarear, la misteriosa luz se diluyó como sal en el agua.

25. Vuvub-Cabé, nuestro jefe, ordenó que dos barcas se aprestaran para salir a ver qué era.

26. He aquí los nombres de quienes zarpamos:
Balam-Tamazul, como piloto de la primera barca y jefe de la flotilla, Ixhunalhpu-Ixbalanqué el Joven, Ixbalanqué el Viejo, Cocoha y Corojon-Amac, como marineros; Tzacol-Pitolm, Tiquin, Acnam, Tohil-Avilix, Hkvitz, como pescadores; Gucumatz, como lector de las estrellas; Cotuha, conocedor de los vientos; Quicab, como almacenero y repostero; Cavizimah como dibujante, y yo, Niram, como escriba. Los tripulantes de la primera barca fuimos los que alcanzamos la gloria.

27. En la segunda barca iban:
Hun-Camé, como piloto, Xiquiripat, Cuchumachic, Ahalpuh, Ahalcana, Chamiabac, Chamiaholom, Quicxic, Patan-Quicre, Quicrixcac e Ixbalanqué, que, pasados los seis días desde que zarpamos, regresaron a Rapanuí.

28. Al cabo de este tiempo, el temor hizo presa en nuestros corazones. Desde el amanecer navegábamos entre una niebla tan espesa que era difícil, a los que

íbamos en una barca, divisar la otra. Y la niebla olía a ceniza y a humo.

29. En la tarde, sopló fuerte el viento, y la nube que nos cubría comenzó a desflecarse como ropa vieja y podrida; y tan pronto el sol la penetraba y veíamos con claridad, como volvía a cegarnos.

30. De pronto, el pescador llamado Akuvitz, exclamó: «¡Tierra! ¡Señores y hermanos, he visto Tierra!»

31. Unos decían verla, y otros no, según los ramalazos sobre sus ojos de la niebla, que era como una sábana de algodón que una mujer enloquecida agitara sobre nuestros rostros.

32. De súbito, la bruma se abrió en dos. Doradas sus nieves por el sol poniente, coronadas sus cumbres por grandes penachos de nubes, pasmados y estremecidos, vimos unas montañas tan altas como no las vio ninguno de nuestra raza desde la alborada misma de la diáspora.

33. Una de las cumbres vomitaba fuego y piedras incandescentes que perforaban la tela azul del firmamento hasta incrustarse en la región en que habitan los dioses. Entendimos que ésa era la causa del resplandor que, en Rapanuí, veíamos de noche bajo la línea del horizonte.

34. La costa se veía ahora nítida y tan extensa que no se adivinaba su fin.

35. Decidió Balam-Tamazul que la barca que pilotaba Hun-Camé regresase a advertir a los nuestros que habíamos descubierto la más grande de las islas jamás vista por las generaciones.

36. Les dimos la totalidad de nuestros bastimentos de agua y, aquella en que yo iba se aventuró hacia tierra, guiados de día por la nieve fulgente y de noche por los fogonazos, cada vez más próximos del volcán.

37. Los vientos nos fueron favorables, y antes de que pereciésemos de sed llegamos a tierra, donde pudimos beber de la multitud de ríos que bajaban de las montañas, y cazar sin que nadie nos disputase el alimento, porque aquella inmensidad estaba vacía.

38. Montamos en tierra nuestras tiendas y exploramos los contornos.

39. No había hombres, ni rastros de huellas, ni señales de fuego, ni vestigios de cultivos, ni indicios de otra vida que la de las plantas y las bestias.

40. Recordé las canciones litúrgicas que los míos se transmitían oralmente de generación en generación, antes de que Tohil aprendiese la escritura en el país de la seda y escribiese en las tablillas los anales de nuestra estirpe, desde la creación de los primeros hombres.

41. Decía así:

«Ésta es la relación de cómo todo estaba en suspenso, todo en calma, en silencio. Todo inmóvil, callado y vacía la extensión de la Tierra.»

42. El lugar en que instalamos nuestras tiendas parecía el escenario propicio para que los tres dioses principales —que son sólo uno— dijeran: «¡Que aclare, que amanezca en el cielo y en la tierra! ¡No habrá gloria ni grandeza en nuestra creación hasta que exista la criatura humana, el hombre formado!»

43. Aquel paraje parecía el escogido por los dioses, antes de que el hombre formado existiera, para planear su creación: porque el hombre formado no aparecía por parte alguna, y nuestras voces eran las únicas que se esparcían en la haz de la tierra.

44. El día décimo octavo, vimos llegar una flotilla de veinte embarcaciones. En la que venían hombres, mujeres, aperos, ganados: dos por cada especie; macho y hembra por cada especie. «¿Qué es esto? —nos dijimos—. ¿Acaso nuestros padres abandonan Rapanuí, la tierra madre en que nacimos, y dejan allí abandonadas las estatuas que erigimos a los dioses y los muertos que enterramos?» Así era.

45. Por más de quince meses bojeamos hacia el norte la enorme isla para encontrar sus contornos. Y no los hallamos. Tampoco hallamos en todo este tiempo hombre alguno.

46. «¿Qué es esto? —nos decíamos—. ¿Toda esta tierra es nuestra? ¿Tan grande es nuestra heredad?»

47. Bordeamos grandes desiertos, siempre limitados por montañas inaccesibles. Y nos detuvimos en valles fértiles donde acampábamos hasta agotar sus fru-

En los últimos años de su vida, Colón (aquí, de rodillas, presentado por su patrón a la Virgen) se consideraba un hombre predestinado por Dios para culminar la hazaña del descubrimiento y cristianización del nuevo Continente. Hasta su nombre, «Cristóbal» —el titán que llevó al Niño Dios sobre las aguas— le parecía una premonición.

En el subconsciente de las generaciones antiguas y medievales había quedado la premonición («memoria de otra memoria») de un continente interoceánico que se encontraba siguiendo desde Europa la ruta del Sol. Descendiente lejano de los tartesios —protagonistas de las primeras expediciones comerciales en busca del estaño de la isla de Thule— era el cordobés Séneca, el hombre que en su *Medea* —antes que Ramon Llull y Dante Alighieri (los tres de izquierda a derecha)— **profetizara la existencia de ese nuevo mundo.**

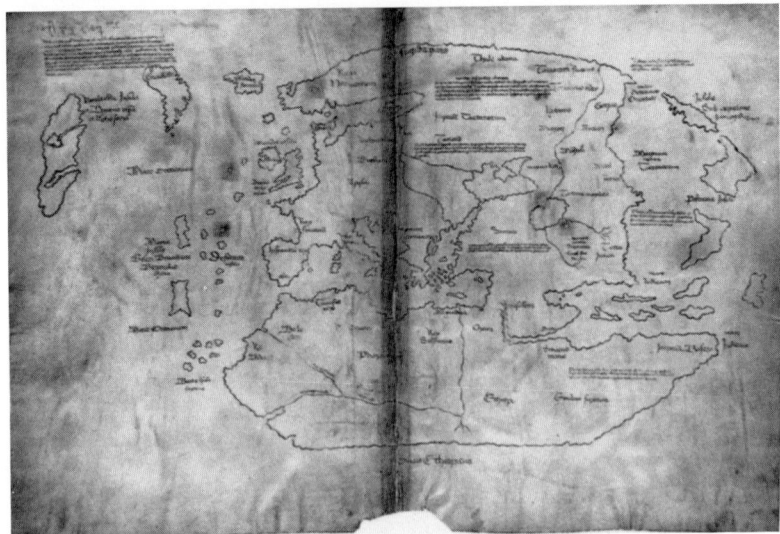

El 12 de octubre de 1965 los diarios y revistas más importantes de Estados Unidos y Gran Bretaña —la Universidad de Yale y el Museo Británico en abono de sus tesis— proclamaban en grandes titulares que por fin había sido encontrada la prueba («The Vinland Map», aquí representado) de que América fue descubierta por los vikingos. Al día siguiente, y en el diario *ABC*, me atreví a denunciar que dicho mapa era falso. Diez años más tarde, en un acto muy plausible de humildad y honestidad científicas, la universidad norteamericana reconocía que el mapa había sido manipulado y su buena fe sorprendida.

¿Fueron posibles los viajes vikingos a América? Posibles, sí. Probados, no. En el primer tercio del siglo X, el noruego Erik el Rojo conquistó Islandia, tierra descubierta y colonizada un siglo antes por navegantes irlandeses; dicha isla debió servir como trampolín y cabeza de puente para futuras expediciones hacia el Oeste. También se sabe que su hijo Leif Eriksson (en la estatua) cristianizó Groenlandia. Pero al terminar el siglo XIV se había perdido todo rastro histórico de las navegaciones vikingas por el Atlántico Norte y el Ártico.

Tan seguro estaba Colón de que hallaría tierra al otro lado del mar que no cejó en su empeño a pesar de que el rey de Portugal se negó a patrocinar el viaje que le proponía. Y eso que todo Portugal vivía, en aquel entonces, bajo la fiebre descubridora en África, Asia y el Lejano Oriente. Y que la Escuela Náutica fundada por don Enrique el Navegante (tocado de negro, en la ilustración) agrupaba a los mejores astrónomos, matemáticos y cosmógrafos de su tiempo.

Insistió tercamente Colón en su propósito, ahora ante la Corte española. Y, pese a verse rechazado de nuevo, la providencial intervención de los monjes del convento onubense de La Rábida (en el cuadro de Vázquez Díaz) y de mosén Luis de Santángel, de raza y religión judías, hizo posible que los Reyes Católicos costearan una empresa «en la que tan poco se perdía», según palabras textuales de Santángel, por entonces «ministro de Hacienda» de la Monarquía.

Carta de relació ēbiada a su. S. majeſtad del ēpa-
dor nfo ſeñor: por el capitā general dela nueua ſpaña: llamado fernādo cor
tes. Enla ql baze relació ōlas tierras y prouicias ſin cuēto q bā deſcubierto
nueuamēte enel yucatā del año de .xix. a eſta pte: y ba ſometido ala corona
real de ſu .S.. En eſpecial baze rela ió de vna grādiſſima prouicia muy

Las Crónicas de Indias, espejo de literatura testimonial, fueron escritas bajo el signo del estupor y la grandeza; y quien las lee no puede menos de sentirse sacudido y arrebatado por la grandeza y el estupor. Fue también Cristóbal Colón el iniciador de tan maravilloso género literario.

América tuvo un primer día, y unos primeros hombres, de estirpe asiática. Discrepo de quienes afirman que fue poblada por los descendientes de una «única» expedición que cruzó a pie los hielos del estrecho de Behring (en el gráfico, a la derecha). Hubo además, en un lentísimo avance de siglos, centenares de generaciones que a bordo de juncos, balsas o «kontiquis» neolíticas (Thor Heyerdahl con la suya, abajo) arribaron a las costas occidentales americanas procedentes de las asiáticas orientales, las miles de islas pulverizadas a lo ancho del océano Pacífico como escala o pasarela.

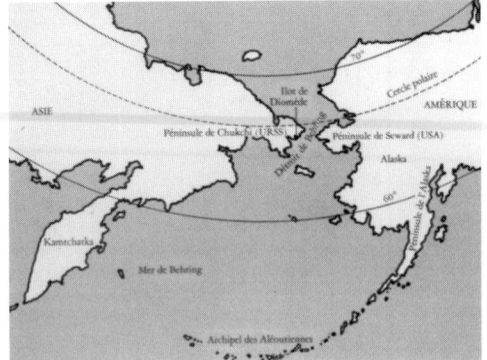

Ya en pleno siglo XVIII,
el sabio filólogo
y jesuita conquense
Lorenzo Hervás y Panduro
señalaba, perplejo,
las sorprendentes
analogías idiomáticas
entre las treinta
y cuatro lenguas
indígenas de América
del Sur —de las que creó
sus gramáticas—
y la lengua malaya.

¿Puede, por ello, afirmarse que todas las inmigraciones primitivas americanas proceden de Asia? Ciertamente, no. Alrededor del siglo XV a.C. comienza a desarrollarse en el golfo de México la civilización olmeca, la primera que merece tal nombre en aquel continente. Grandes escultores y amigos de lo colosal, como los egipcios, las facciones de las inmensas cabezas talladas en piedra por los olmecas (en la imagen) **no son asiáticas, sino africanas; no negras, sino negroides, con unos ojos que, al paso del tiempo, se irán achinando.**

El 12 de octubre de 1492 es, así, la culminación de un ciclo iniciado en las mismas raíces del árbol biológico: la conquista de la Tierra por el Hombre. En el crepúsculo del siglo XV los españoles no hacían más que «descubrir» los nietos lejanos de quienes, viniendo de Asia, «descubrieron» milenios atrás la sede donde ahora «se encontraban» las desgajadas ramas de un mismo tronco. Treinta años antes que Magallanes y Elcano (la ruta de la primera vuelta al mundo en el mapa), **Colón y sus hombres** circunvalaban la Tierra al pisar las arenas de Guanahaní.

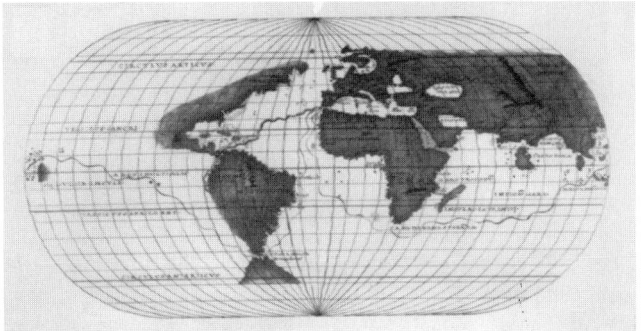

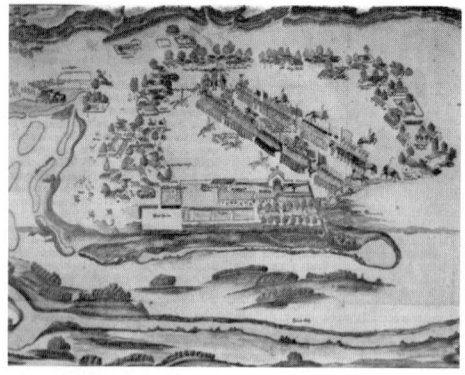

En un parpadeo del Tiempo, América se incorporó de lleno a la flecha de la Cultura, saltando de la Edad Antigua al Renacimiento sin pasar por la Edad Media. Ello fue posible gracias a los Reyes Católicos y a sus inmediatos seguidores; y a la ayuda prestada por descubridores, conquistadores y misioneros. Estos últimos (la reducción de San Javier, arriba) serán los adelantados en ese empeño de transmitir la civilización heredada a quienes no la habían recibido todavía. Bien lo proclama esta inscripción, en tierras mexicanas de Querétaro, en loor de fray Junípero Serra (su estatua, a la derecha), «forjador del desarrollo espiritual, cultural, humanístico y material de esta región».

Partiendo de la Edad Media, **Colón** (en el óleo, la salida de Palos) lanzó tres carabelas desde el *non plus ultra* («no hay más allá») al *plus ultra* (siempre hay «más allá»). Pero esos reyes que financiaron su Empresa fueron quienes, desde la Edad Moderna, tensaron el arco portador de la antorcha hacia las tierras que aquél descubrió. Y esa antorcha, indeleblemente unida a la flecha del progreso espiritual, moral y técnico, desde América alumbra hoy al mundo y apunta, inquietante y misteriosamente, a los espacios siderales.

España fue un día, delante de Inglaterra, el país más avanzado en técnicas de rescates submarinos. Hoy, los Estados Unidos aventajan a ambas naciones por los prodigiosos métodos que emplean sus arqueólogos (en la foto, dos cámaras de exploración submarina a cubierta de un buque norteamericano) **y por el aleccionamiento de sus buzos a la hora de escudriñar los precios. ¡Qué bello sería que nuestra Patria participase en estos rescates por medio de acuerdos con los países soberanos de las aguas territoriales!**

Cuando alguien preguntó despectivamente a don Miguel de Unamuno (caricaturizado por Bagaría, izquierda) **qué había aportado el País Vasco a la historia universal, respondió con voz tonante: «¡La Compañía de Jesús, la prueba fehaciente de la redondez de la Tierra y la República de Chile!» No se trataba de una de sus típicas** *boutades*. **A don Miguel López Legaspi, natural de Zumárraga, se le encomendó la conquista de las «islas de Poniente» o Filipinas** (en el óleo de Surgana). **Fedetario de aquella conquista sería un fraile agustino de Villafranca de Guipúzcoa, Andrés de Urdaneta. Éste, con la ayuda de los vientos antialisios y tras cruzar el Pacífico, consiguió recalar en Acapulco, inaugurando así la senda que establecería el comercio entre la China y Europa.**

Decir que Cortés fue superior a Julio César y a Alejandro Magno es minimizarle. Sólo es inferior a ellos en una cosa: en pertenecer a un pueblo al que no le gusta ensalzar, sino denigrar a su mejores. En el caso de México, Cortés legó a esta nación un territorio más extenso que los Estados Unidos de hoy; y una patria, una religión, un idioma y la adscripción a una cultura superior. ¿Dónde hay en México, dónde en España —salvo Medellín— un monumento que perpetúe el nombre y las hazañas de este héroe singularísimo?

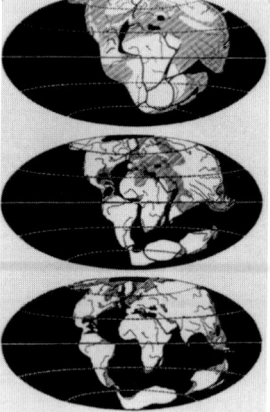

La primera vez que pisé las Antillas creí reconocer las Canarias; y cada vez que vuelvo a Canarias me parece encontrarme en la América caribeña situada en la margen opuesta de las Afortunadas. Desde entonces me ha inquietado la creencia de los geólogos de que, en la noche de los tiempos, lo que hoy denominamos América se separó del Continente euroasiáticoafricano, las Canarias como trozos de la América fugada que se quedaron a medio camino en el mar. (En el gráfico, la teoría de Wegener sobre traslaciones continentales.)

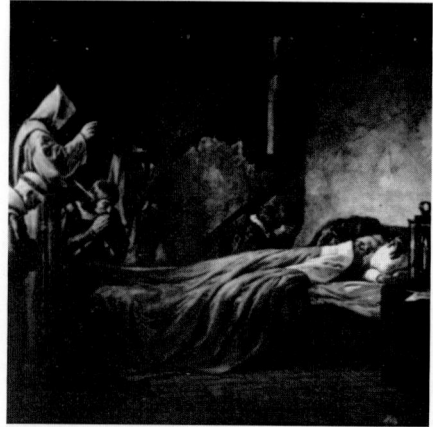

Si toda América es un enigma, enigmático es todo lo relacionado con su descubridor. Pues Colón, que triunfó en tantas cosas, también acertó en crear una espesa cortina de humo que velase su cuna, sus primeras andanzas en la vida e incluso sus restos sepulcrales (en la ilustración, su muerte en Valladolid en 1506). Parece como si el destino se hubiera esforzado en ir acumulando perplejidades, contradicciones y conjeturas en torno a la figura del hombre más famoso de la Historia, después de Cristo...

tos. Pero la voluntad de nuestros caudillos era seguir, siempre seguir, con una sed insaciable de lejanía.

48. Éste es el relato de cómo los hombres llegaron a los confines del mundo. Porque más allá; ya no hay. Con esto se cumplió el mandato de los dioses cuando dijeron a los primeros nacidos: «Id y extenderos por toda la Tierra.»

1. Y llegó un tiempo en que Ixbalanqué, que comandaba una expedición, tierra adentro, nos comunicó que había hallado el contorno de la isla. «Desde unas alturas muy próximas —nos dijo—, del otro lado de la tierra, he divisado el mar.»

2. Cavizimah, el dibujante; Cotuha, el conocedor de los vientos; Balam-Tamazul, que había sustituido en el mando del pueblo a Vuvub-Cabé tras la muerte de éste, le acompañaron. Yo también les seguí, para dejar testimonio.

3. No fue la visión del otro mar lo que nos espantó sino la cantidad de costa que desde aquellas alturas se divisaba. La lengua de tierra estaba cubierta de espesísima jungla y avanzaba hacia el noroeste hasta perderse en la lejanía, sin que en ningún momento se advirtiese que las dos costas se juntaran.

4. Ixbalanqué había errado. Estábamos en una inmensa isla, sí, puesto que veíamos dos mares, pero no habíamos llegado al extremo de su contorno.

5. Como el tempero era más apacible que en la costa, donde el aire ardía, y los mosquitos engordaban a cuenta de nuestra sangre y la de las bestias que llevábamos, decidimos permanecer en aquellas alturas hasta el amanecer.

6. La brisa era suave como el tañer de la flauta y las estrellas se admiraban de ver un grupo tan pequeño de nuestra especie en aquella tierra de dimensiones infinitas.

7. Dos meses más seguimos bojeando. A veces uno o dos barcos se aventuraban por la desembocadura de los ríos, tierra adentro. En los bordes, multitud de grandes lagartos, largos como dos hombres, dormitaban. Las

rizadas orquídeas crecían salvajes en el suelo y trepaban por los árboles, y entre las frondas volaban los loros.

8. Otros hombres, entretanto, incursionaban por tierra. Nos decían que el otro mar seguía allí, unas veces más próximo, otras más lejano porque las costas tan pronto se acercaban o separaban trazando caprichosas formas que Cavizimah puntualmente dibujaba. Empero, el final de la isla nunca se divisó.

9. Sesenta días habían transcurrido desde la primera vez que divisamos el otro mar, cuando Balam-Tazamul reunió a los sabios y a los ancianos para deliberar.

10. «Las naves están cansadas —les dijo—. Los gusanos carcomen la madera de sus quillas y las telas que recogen el viento están desgarradas. Los ganados que traíamos han muerto por la temperie. ¿Qué hemos de hacer?»

11. «El pueblo también está cansado, Balam-Tamazul —dijo Cotuha, el que conocía los vientos—. Las mujeres paren a bordo y abandonamos nuestros muertos en tierras lejanas. Muchos son los que murmuran.»

12. Terció Ixbalanqué el Viejo: «Hemos visto toda clase de tierras, altas y bajas, fértiles y desiertas, despejadas o boscosas, húmedas y secas. Nuestra heredad es grande; escojamos la más conveniente y construyamos en ella una ciudad.»

13. Tras mucho deliberar, decidieron que una expedición de diez hombres se internara por última vez; que llegasen hasta el otro mar y trajesen noticia de si en el camino había buenas tierras, abundantes en agua y pastos, templadas de clima, con bosques próximos y árboles con fruto.

14. Tardaron treinta y seis días en regresar. «El otro mar —declararon— ya no está, como antes, al alcance de la vista.» La Tierra se había ensanchado de nuevo desaforadamente y, cuanto más al norte se desplazaron, aumentaba la distancia entre la costa que ve nacer el sol y la que le ve morir.

15. Empero, entre grandes montañas habían cruzado una meseta que reunía cuanto se pudiese desear: agua, pasto, madera, miel, y un clima templado y bonancible.

16. «Además —añadieron—, el ónice, el jade, el

topacio, la obsidiana y la malaquita se encuentran a flor de tierra, sin escarbar.» Y enseñaron a los jefes y a los ancianos muestras recogidas sólo con agacharse. Una de las piedras, de purísimo jade, era grande como la cabeza de un hombre.

17. Aquello ocurrió en la cuarta luna del ciclo ciento cuarenta y seis de la iniciación de la diáspora.

18. Y aconteció que estábamos construyendo nuestra ciudad, sin muralla alguna para defendernos, porque no había de quién, cuando, al despertar, vimos bajar de las montañas que rodeaban nuestro valle un número incontable de seres.

19. ¿Quiénes eran? ¿De dónde venían? ¡Qué extraña raza era la suya!

20. Lo mismo se preguntaron ellos cuando nos tuvieron cercados y vieron salir de su tienda a Balam-Tamazul revestido de todos sus atributos de mando, desarmado y alzadas ambas manos en son de paz, con todo el pueblo apiñado en su derredor.

21. Nos contemplamos en silencio. Si grande era nuestra admiración al verles, no era menor la suya al contemplarnos.

22. Si nuestra piel era blanca, la suya oscura. Si nuestro rostro era enjuto, el suyo ancho. Nuestra nariz era larga y fina, la suya roma y espaciada; ralo nuestro pelo, crespo el suyo; nuestra estatura pequeña (como raza que es oriunda de las montañas), alta y fornida la de ellos...

23. Vestían con menos aparato que nosotros. No llevaban tocados de plumas y algodón ni se adornaban con collares. No obstante, no eran bárbaros, como las tribus que, según los anales, toparon nuestros padres en la Isla de los Canguros.

24. Por gestos y ademanes —que no por su extraña lengua incomprensible— entendimos que nos preguntaban: «¿De dónde sois? ¿Por dónde habéis llegado? ¿Qué hacéis aquí? ¿Qué queréis?»

25. Escribí en mi tablilla de cera que veníamos de las tierras donde el sol se pone.

26. Los que parecían los jefes, miraron y remiraron mi escritura; se la pasaban unos a otros, no la entendían.

Pero lo que sí comprendimos es que sabían que aquello era una forma gráfica de expresar ideas.

27. Borraron la cera y con un palo afilado hicieron otros signos que me mostraron y que yo no entendí.

28. Intervino entonces Cavizimah, el dibujante. Trazó la silueta de nuestras naves —veinte naves— e indicó que procedíamos de la tierra donde se esconde el sol. Esto sí lo entendieron y, muy excitados, se pasaron el dibujo de mano en mano entre grandes exclamaciones admirativas.

29. Todos ellos llevaban haces de lanzas a la espalda y una espada corta de piedra obsidiana en la mano. Echaron al suelo estas últimas en señal de paz y entregaron una lanza a Balam-Tamazul, indicándole con gestos que la quebrara. Hízolo éste así, y cada uno de ellos quebró una de las suyas.

30. Nosotros les llamamos «olmecas», que en nuestra lengua significa «los hallados»; y ellos a nosotros «mayas», que en su lengua quiere decir «los que vinieron».

31. Y aprendimos de ellos todo cuanto sabían y nosotros ignorábamos. Y ellos lo que nosotros sabíamos y ellos no.

32. Y floreció la sabiduría en la tierra nueva. Y fuimos luz del orbe y ejemplo de las naciones.

33. Y nuestros dioses se hermanaron. Y nuestras mujeres se cruzaron con ellos. Y las suyas con nosotros, cumpliéndose el mandato de los orígenes que decía: «Id y multiplicaos.»

34. Y el que lo cuenta da testimonio. Y pone como testigo al Corazón del Cielo, de que su palabra es verdadera. Porque juró en su nombre que la mentira no mancharía su boca, cuando fue designado por su pueblo como la mano que escribe la Historia del Hombre, el hocico del perro que rastrea las huellas del tiempo, el ojo de los muertos, la oreja de los dioses.

XII. LA FLECHA DE LA CULTURA

América —lo que hoy llamamos América— no tuvo Edad Media. Saltó, sin transición, de la Edad Antigua al Renacimiento. Mientras aquí se construían las primeras iglesias, Miguel Ángel Buonarroti pintaba la Capilla Sixtina. En tanto que en México se ensamblaban las primeras imprentas, Cisneros publicaba en Alcalá de Henares la *Biblia Políglota* y Nebrija ya había escrito la primera gramática de la lengua castellana. Al tiempo en que Enrique VIII se apartaba en Inglaterra de la Iglesia de Roma porque el papado le negó la anulación de su primer matrimonio, en América las crueles religiones que exigían víctimas humanas para satisfacer a sus dioses, fueron apagándose a la luz del Dios que se sacrificó para salvar a los hombres, y Francisco de Vitoria sentaba los primeros rudimentos del derecho internacional. En un parpadeo de tiempo visto a la luz de la Historia, la América virgen se preparaba a ser un día faro del mundo y sal de la Tierra, incorporándose de lleno a la flecha de la cultura.

Esto no lo consiguió Colón ni su apretado equipo de valientes aventureros, sino los Reyes Católicos y sus inmediatos seguidores, porque mientras el almirante, todavía en la Edad Media, descubría el paraíso terrenal, don Fernando el Católico, muy asentado en la Edad Moderna, realizaba el mayor esfuerzo colonizador y civilizador de que hasta entonces se tuvo noticia. Bajo las órdenes del maestre de Calatrava, Nicolás de Ovando, una armada de 39 naos —la más numerosa que jamás cruzó el océano— llegó a Santo Domingo el 15 de abril de 1502. ¡Nunca, ni en tiempo de los romanos surcó las aguas semejante escuadra! Ya no se trataba de descubrir ni de conquistar, sino de transmitir la civilización heredada a quienes aún no la habían recibido. La población transportada de una a otra orilla del mar alcanzaba a 2 500 hombres, con sus esposas e hijos los que los tenían. Junto a los nobles, que formaban la corte del nuevo gobernador, venían ganaderos, labradores, médicos, urbanistas, herreros, fundidores, carpinteros, alarifes, mineros, astrónomos, cartógrafos, cronistas, lingüistas, pedagogos, matemáticos, toda gama de letrados desde jueces y oídores, tipógrafos, contadores y misioneros. Y traían consigo esquejes y semillas de naranjos, limones, peras, manzanas, vides, trigo, avena, cebada, caña para azúcar, mercurio para amalgamar metales, centenares de caballos, asnos, mulos, vacas, ovejas, cabras, cerdos y gallinas. Y lino. Y esparto. Y seda. Y gusanos para fabricar este misterioso tejido oriundo de China, conocido en Europa desde los no muy lejanos días de Marco Polo, y tan sutil y transparente que parece urdido con rayos de luna. Y libros para enseñar, y resmas de pergamino para escribir.

Santo Domingo y Cuba fueron desde entonces las verdaderas cunas de América desde donde habrían de partir en muy corto espacio de tiempo las expediciones de los Pizarros, Valdivias, Corteses, Balboas, Ponces y Avileses, pero también las misiones de franciscanos, dominicos, jesuitas, carmelitas y agustinos que no fueron sólo cristianizadores sino maestros de primeras letras, traductores de los idiomas indígenas, redactores de los primeros catecismos en lenguas aborígenes, y en no pocos casos, cirujanos, arquitectos, y hasta parteros. Los frailes no fueron sólo evangelizadores (lo cual no es poco), sino educadores y civilizadores en toda la extensión del término. Al pie de una estatua erigida en honor de fray Junípero Serra junto a una de las misiones por él fundadas en el estado mexicano de Querétaro, se lee: «Forjador del desarrollo espiritual, cultural, humanístico y *material* de esta región.» La armada civilizadora de Nicolás de Ovando ni fue la primera ni la única que mandaron los Reyes Católicos y sus sucesores. No fue aquella una expedición de ida y vuelta al estilo colombino, sino de una sola dirección. Para asentarse y quedarse. Ellos, y cuantos a lo largo de los tres siglos siguientes se quedaron y asentaron, son las puntas de la flecha de la cultura, que legaron a los hombres y mujeres que hoy pueblan las naciones libres e independientes de la América actual. Porque, como ha dicho el escritor y diplomático Carlos Fernández-Shaw, hay una tendencia que consiste en exaltar al descubridor de América pero en detrimento, o con injustísimo olvido de la Corona de Castilla, que fue quien la culturalizó e hizo saltar —sin el puente del medioevo— del Neolítico a la Edad Moderna.

Por dos veces hemos empleado el término «flecha de la cultura», al que vamos a dedicar algunas consideraciones finales para no decir en dos palabras lo que acaso merezca tres.

Esta expresión «la flecha», la incorpora al mundo de la investigación biológica el sabio jesuita francés Teilhard de Chardin, al hablar de la flecha de la evolución de las especies. Desde que en la noche de los tiempos la primera célula se desdobla hasta llegar a esa portentosa agrupación de células que somos los vivientes... ¡qué de vaivenes, aparentes frustraciones, ramas truncadas, en el penoso camino de la vertebralización y de la cerebralización, hasta alcanzar la luz del mecanismo reflexivo! Orilladas, cumplida su misión, han quedado innumerables especies desaparecidas; y, entre las vivientes, vertebrados que no han emigrado del mar, reptiles sin extremidades locomotoras, bípedos sin el pasmo de esa materia pensante —barro dotado del mágico y terrible poder de pensar— que es el hombre. ¡Qué de «vías muertas», mas qué tenacidad también la de la vida hasta producir en los primates superiores esa especie singular biológicamente digna de recibir el soplo del espíritu, estirpe a la que pertenecemos!

Desde la creación, la naturaleza parece un muestrario de fantasías innecesarias donde lo mismo se exhibe la rosa que el escorpión, la nube que el diplodocus, la piedra imán que el caballo o la estrella Polar. Y no obstante, según Teilhard de Chardin se diría que toda la energía de la naturaleza hubiese conspirado activamente desde el principio para conseguir la aparición del hombre sobre la Tierra.

En la historia y evolución de las culturas ocurre otro tanto. Desde el primer balbuceo del lenguaje articulado del *homo sapiens* hubo miríadas de conatos culturales que desembocaron en vías muertas. Son las civilizaciones frustradas, desaparecidas o estancadas. Semejan a esas especies que, desde los orígenes o a mitad de camino, quedaron fuera de la línea de la evolución. A los inmersos en estas subformas culturales, Breyssig los llama «pueblos de la aurora sempiterna», y Ortega y Gasset sublimiza la metáfora al situarles «en una alborada detenida, congelada, que no avanza hacia ningún mediodía».

Son culturas orilladas, marginadas de la clara trayectoria de esa flecha de la civilización occidental que avanza y se supera indefinidamente sorteando, eludiendo, los escollos que surgen a su paso. A la pavorosa parálisis de las vías sacrificadas, de las vías muertas escaparon los contingentes privilegiados que de muy diverso origen concluyeron en venturosa cita —hace apenas treinta siglos— en el Mediterráneo oriental. Nunca antes de los griegos, herederos sin duda de culturas anteriores, había tenido el hombre tal conciencia de su singularidad, que es tanto como decir de su interioridad. Por primera vez en la historia del mundo, el hombre doblado sobre sí mismo contempló desde dentro el dintorno de las cosas. Y nació la filosofía, la matemática, la física, la moral, la teología, la retórica y el derecho; perfeccionóse la medicina; alcanzaron cimas no superadas la arquitectura, la escultura y la poesía; creóse entonces hasta los entretenimientos que perduran hasta hoy como el deporte y el teatro actuales. Y en el cristianismo (flecha evolutiva también él del mesianismo judío) halló el hombre su cuarta, trascendente dimensión. Hasta entonces el individuo había luchado por adaptarse al medio y subsistir. Desde entonces, la estirpe pensante procurará adaptar el medio a su medida para avanzar. Y no hubo fronteras para su ambición intelectual, ni cotos a su curiosidad especulativa, ni campos vedados al raciocinio, ni límites a su anhelo de progreso y perfeccionamiento. La flecha disparada en Grecia, se expandió como un haz por los pueblos sometidos a Roma, es decir el mundo occidental entonces conocido. Y desde una de sus parcelas, España la disparó al mundo desconocido. España fue para la flecha de la evolución cultural diana que recibe (durante la romanización), carcaj que conserva (durante la reconquista al Islam) y arco que dispara cuando la gran aventura de la colonización americana. América pertenece al mismo linaje. Fue diana de una flecha cuya trayectoria cruza Israel, Egipto, Fenicia, Grecia, Roma y España. Lo que España descubrió fue, sobre todo, un camino con puerto de origen y meta de llegada. Y que por ese camino navegaron Sócrates, Fídias, Euclides, Arquímedes, Cicerón, Virgilio, Dante Alighieri, el padre Vitoria, Isabel de Castilla, Shakespeare, Cervantes, Molière, Descartes, Goethe... y Moisés. Y Cristo.

Colón, desde la Edad Media, lanzó tres carabelas desde el NON PLUS ULTRA —«No hay más allá»— al PLUS ULTRA: siempre hay «más allá». Mas esos reyes que financiaron su empresa, y que acababan de conquistar Granada al Islam, fueron quienes, desde la Edad Media, tensaron el arco portador de la antorcha hacia las tierras que Colón descubrió. Y esa antorcha indeleblemente unida a la flecha del progreso espiritual, moral y técnico, desde América alumbra hoy al mundo y apunta inquietante y misteriosamente a los espacios siderales.

Segunda parte

La historia sumergida

I. LA CUNA DE AMÉRICA

Escribo desde Santo Domingo. Mis cuartillas descansan entre las almenas de la más antigua fortaleza de América. La mandó construir el gobernador Ovando, al amanecer del siglo XVI, en los albores mismos del Nuevo Mundo, cuando aún no había transcurrido una década de su descubrimiento, y Colón andaba mendigando justicia en la corte de España y la reina católica se acercaba ya a su fin irremediable.

Frente a mí y a mi derecha, lejano y entre brumas, velado por la calina del intenso ardor tropical, se ve el mar. También se columbra, más próxima, la desembocadura del río Ozama, por donde ahora un gran buque mercante pide la ayuda del práctico para entrar, y otrora navegaban, hinchadas de viento y esperanza, las carabelas. A mis pies, el gran río, que es navegable muchos kilómetros tierra adentro, y a mi izquierda, esa joya plateresca que es el palacio de los Colón, asomada sobre el agua y reflejada en ella, como queriendo certificar a través de los siglos la indeclinable vocación marinera de los que fueron sus moradores.

Ni Cartagena de Indias, en Colombia, ni el recinto amurallado de San Juan, en la vecina isla de Puerto Rico —y los ejemplos que pongo son excelsos—, pueden compararse a esta ciudad antigua de Santo Domingo, que me resisto a llamar «colonial» porque lo que hoy es República Dominicana jamás fue colonia de España, sino una provincia más de la Corona: al igual que Galicia, León o la misma Castilla.

Tan perfecta, respetuosa y exacta ha sido la reconstrucción de estos nobles edificios que, al transcurrir entre ellos, se diría que uno va a toparse en una esquina con el comendador mayor de Calatrava, fray Nicolás de Ovando, o con una de las damas de la corte que trajo consigo la virreina María de Toledo, biencasada con don Luis, el nieto mayor del primer almirante. Tal vez sea el ambiente de estos bellísimos rincones, que acabo de cruzar antes de llegar a la fortaleza, los que me producen la evocación. Y es que de esta isla en la que estoy, partieron (o recalaron en ella) las primeras flotas, empeñadas en revolucionar el mapa del mundo, en cambiarle el rostro a la Historia, primero, desde la Isabela, en las costas septentrionales; más tarde, desde este río Ozama —el Guadalquivir de América— que tengo ante mí. Colón, en sus cuatro viajes; Alonso de Ojeda, cuando bojeó el Darien (Panamá), en busca de un paso para el otro mar apenas presentido; los Pinzones, que cruzaron la línea del Ecuador y perdieron de vista la estrella Polar; Diego Bastidas (que tuvo su casa a un centenar de metros de esta fortaleza), que llegó hacia el sur, 150 leguas más lejos que ningún otro antes de él, para dibujar con la estela de sus naves las costas de lo que hoy es Brasil; Juan Díaz de Solís, que penetró en el río de La Plata, creyendo que era el paso soñado entre los dos mares, y que fue muerto y devorado por los indios ribereños a la vista de sus impotentes compañeros. Aquí, en fin, recaló Juan Ponce de León, tras el feliz suceso del descubrimiento de Florida. De aquí, digo, salieron estas flotas, o recalaron aquí, donde ya estaban fundados los primeros asentamientos europeos, antes de regresar a España. La República de Santo Domingo fue realmente la cuna de América. Como un sol que dispara sus rayos en todas direcciones, Castilla fue creando, desde La Española, hacia el norte, hacia el oeste, hacia el sur —como dijera en sus espléndidos versos Agustín de Foxá:

Anchas Castillas por ultramar...

Aparte haber sido el arco de donde fueron disparadas las flechas de la expansión geográfica —como acabamos de ver—, en estas tierras de La Española se fundaron las dos primeras ciudades de América: la Isabela, por Cristóbal Colón, y Santo Domingo, por su hermano Bartolomé. Aquí estuvieron los primeros gobiernos españoles del Nuevo Mundo; el muy desacertado del propio Colón, el de Francisco de Bobadilla, de los tristes destinos, y el de Nicolás de Ovando; aquí se conserva esa primicia del plateresco que es el palacio de los Colón; aquí, en su catedral, descansan sus restos. ¿Puede alguien superar estos títulos?

Mas para pretender lo que digo, sus méritos no son meramente los históricos. También están los hechos. Del mismo modo que los sucesivos gobiernos aspiraron, con tanto afán como fortuna, a reconstruir el casco de la espléndida ciudad antigua de Santo Domingo, los últimos están empeñados en la ardua y colosal tarea de sacar a flote la historia sumergida. No sumergida en el olvido —como diría el tópico—, sino en el mero fondo de los mares. Esta labor puede medirse tanto por sus ambiciosos proyectos para el futuro cuanto por los formidables hallazgos ya realizados de antiquísimos tesoros españoles —joyas, vajillas, armas, cuberterías, multitud de monedas, lingotes de plata y oro y objetos singularísimos de arte o de uso personal— extraídos de los fondos marinos, donde se conservaron milagrosamente a través de los siglos, bien bajo capas de arena o lajas que sirvieron de prodigiosos escudos protectores contra la fuerza corrosiva del mar, bien entre los corales que crecieron sobre ellos y que les sirvieron de mágico estuche. Con esfuerzos considerables y escasísimos recursos (y hábiles y eficaces alianzas), la República Dominicana, a través de la Comisión de Rescates Submarinos, ha emprendido esta labor de sacar a flote nuestra historia común: labor que merece no sólo aplauso y gratitud por lo ya hecho, sino empuje, aliento y ayuda para proseguir lo emprendido. El tema es tan apasionante, las novísimas técnicas de los rescates arqueológicos submarinos tan singulares, los éxitos hasta ahora habidos tan llamativos que me he propuesto escribir *in situ* una serie de capítulos sobre un tema apenas rozado por otros cronistas. En los relatos de los hundimientos de un navío (o de toda una flota de treinta naos, que de todo hay), y el de su recuperación, tres, cuatro o casi cinco siglos más tarde, se entremezclan y confunden el punzante sabor de una doble aventura y el profundo interés científico de una investigación arqueológica distinta de todas.

La Comisión de Rescates Submarinos, dependiente de la Presidencia de la República Dominicana, está luchando arduamente en una empresa digna y difícil. Necesita y merece ayuda. Yo, al menos, aportaré la mía, aunque modesta, divulgando sus hechos —que son muchos— y sus propósitos, que aún son más.

II. EL NAUFRAGIO DE LA ESCUADRA DE 1641

Los puertos mexicanos de Acapulco, en el Pacífico, y de Veracruz, en la costa del golfo, fueron un día los más importantes del continente. El segundo, tal vez lo fuese del mundo.

Por Acapulco, y a través de los legendarios galeones de Manila, llegaban las especias, las obras de arte y las mercancías del mar de la China; y, desde el segundo, junto a estos productos orientales, se enviaban a Sevilla las mercaderías, no sólo de la Nueva España, sino de Nueva Granada (Colombia) y el lejano virreinato del Perú, para ser distribuidas después, ante la silente mirada de la Torre del Oro, cabe el Guadalquivir, al resto del mundo conocido. Para que un holandés, un británico o un griego gozasen de la posesión de un abanico filipino de plata, junco y carey, o bebiesen en fina porcelana china de la dinastía Ming o se vistiesen con seda de saris hechos al pie del Himalaya, era preciso que dichos objetos, aparte de otros periplos, hubiesen hecho el siguiente: Manila-Acapulco-Veracruz-Sevilla.

El viejo sueño de Colón de unir Europa y Asia por la ruta de Occidente se había cumplido. América fue la mágica plataforma necesaria, inimaginable por los cosmógrafos, impensada por los geográfos. El descubrimiento por Magallanes de la ruta del Pacífico fue una tardía y espléndida batalla ganada por Colón, como la del Cid, después de muerto.

A mediados de julio de 1641, salió de Veracruz una desdichada flota de 30 navíos, de los que es más difícil certificar los pocos que lograron salvarse que no los muchos que se perdieron. Bajo el mando del capitán general Juan de Campos, la escuadra iba encabezada por la nao capitana *San Pedro y San Pablo* (que fue una de las pocas que logró cruzar el Atlántico y que, no obstante, para no contrariar el mal sino de esta expedición, se hundió en la barra del Guadalquivir cuando estaba a punto de llegar al puerto fluvial de Sevilla); y cerraba la marcha la no menos infortunada nave almirante *Santa María de la limpia y pura Concepción*, que comandaba el almirante Juan de Villavicencio (quien llevaba bajo su cuidado el mayor de los tesoros que jamás navegó sobre el mar) y que se hundió frente a las costas de La Española en unos bajos denominados «Abrojos», hoy más conocidos con el nombre de «El Banco de la Plata». Y en verdad que ambos nombres estuvieron bien puestos. El de «Abrojos», de «abre» bien los «ojos», piloto, o te hundes; y el de «Banco de la Plata», por la ingente cantidad de ella que quedó esparcida, desde entonces, en los fondos marinos. Si consideramos la riqueza que conducía la nave almirante, espanta pensar la que transportaba la totalidad de la flota. *La Concepción* llevaba: 436 baúles de mercancías del lejano Oriente, 21 baúles de esmeraldas de las minas de Muzo, en Colombia; 43 baúles de perlas de las pequeñas Antillas, 321 baúles de objetos de plata de propiedad privada, 11 quintales (528 kilos), también privados, de objetos de oro puro; 6 quintales (288 kilos) de oro en barras. Y tal cantidad de plata en lingotes y monedas para el tesoro real que no puede ser calculada más que por lo que se ha conseguido recuperar, ya que un «conocimiento de embarque» de lo remitido para la Corona se perdió en el propio buque siniestrado; otra copia, en la nave capitana, también hundida; y, otras más, en los archivos de La Habana (donde se contabilizaba), y que se perdió en un incendio.

No he aludido a otras cargas secundarias de los otros galeones, pero de inmenso valor también: especiería, aceites vegetales, frutas no perecederas, cerámica mexicana, animales vivos, corrales de gallina, jaulas con aves comestibles y multitud de tinajas con vino y aceite para la alimentación, durante dos meses de travesía, de unas once mil personas que iban a bordo, entre pasaje, marinería y tropas armadas de los buques de guerra que protegían de los corsarios a los 30 navíos de tan colosal expedición. La historia de las navegaciones no recuerda antes de entonces, fuera de las batallas navales, una catástrofe mayor.

Estos «Abrojos» de que hemos hablado antes, situados 67 millas al norte de la costa septentrional dominicana, constituyen una de las mayores concentraciones coralíferas del mundo. Se trata de una verdadera isla subacuática que pugna por emerger, que casi lo ha conseguido ya, y que, sin duda, en un futuro geológico, lo conseguirá. Ocupa una extensión de 4 000 kilómetros cuadrados, y sus enormes cabezas de coral ascienden, desde las simas hasta muy pocos pies de la superficie, como cuchillos para hender en dos las quillas de los navíos. Sólo puede ponderarse su peligrosidad aduciendo que una expedición científica que buscaba los restos del galeón almirante de la flota de 1641, antes de dar con él, halló, entre los corales asesinos, los restos de trece naufragios más, probablemente anteriores al que buscaban y de los que no se tenía noticia alguna, y que el francés Cousteau, que creyó haber encontrado *La Concepción*, en realidad dio con otro buque distinto, ya que las monedas españolas en él encontradas eran de fecha posterior a la catástrofe que hoy nos ocupa. Estos bancos son probablemente el mayor cementerio de buques españoles hundidos entre los siglos XV y XVIII. De entre todos los galeones allí enterrados, ninguno tan buscado, a través de los siglos, como lo fue *La Concepción*.

La razón no es otra que ésta: era el suyo el naufragio más documentado, del que se tenían más noticias, cuya situación era más conocida, 332 personas perecieron al encallar el galeón en la trampa mortal de los corales, pero 194 se salvaron y lograron llegar a La Española, hoy República Dominicana, desde donde escribo. Fueron, pues, casi dos centenares de bocas quienes dieron noticias de lo ocurrido. Y la más calificada de todas, la del almirante Villavicencio, quien, tras describir la situación de la nao, la carga que llevaban y los hombres que aún vivían entre sus restos, intentó por tres veces el rescate de los supervivientes y del tesoro que se enviaba al rey. La noticia de este famoso hundimiento y de los esfuerzos inútiles que se hicieron para salvar tan preciosa carga, y el conocimiento de que los tesoros perdidos quedaban a poca profundidad, no tardaron en llegar a España... que hizo alarde de su desidia; y a Inglaterra, siempre amiga de lo ajeno, quien hizo alarde de su rapacidad.

Dos expediciones inglesas, con autorización, primero de Carlos II y más tarde de Jaime II, llegaron a encontrar el galeón español, del que extrajeron, con ayuda de expertísimos buzos: 37 538 libras de plata, 27 556 en lingotes del mismo metal, 347 libras en platos, candelabros, copas y cubiertos de lo mismo, 27 libras y 11 onzas de oro purísimo, varios sacos de perlas y esmeraldas, y 7 cañones de bronce que el lector curioso puede —si le place— contemplar en la Torre de Londres, donde aún siguen expuestos como si fuesen trofeos adquiridos en gloriosa y cruenta batalla naval y no en un puro acto de rapiña.

Con esto y con todo, los informes escritos que dejaron de su hazaña los ingleses sirvieron no poco a los modernos descubridores de tesoros para sacar algunas consecuencias: entre otras, que si bien fue mucho lo que rescataron los ingleses, sólo con la ayuda de buzos —que actuaban sin escafandras (invento muy posterior), ni gafas, ni patos y a pulmón libre—, mucho sería aún lo que quedaría por descubrir, si es que se acertaba a dar con los restos... en esos cuatro mil kilómetros cuadrados de formaciones coralíferas. Y no ya como piratas, sino a través de acuerdos formales con el Gobierno dominicano (en cuyas aguas se encuentran hoy los vestigios del naufragio de ayer), una moderna expedición emprendió, ya en nuestros días, una nueva búsqueda del *Santa María de la limpia y pura Concepción.*

Todos estos datos los recibo a través del arquitecto dominicano Pedro J. Borrell, secretario de la Comisión de Rescate Arqueológico Submarino, dependiente de la presidencia de la República, bien por medio de sus escritos, bien a través de su culta y amena conversación.

Él fue también mi guía, para conducir mi pluma en el relato del segundo descubrimiento de los restos del viejo galeón. Y de las cosas sorprendentes que allí se hallaron. Y de las noticias de qué se hizo con ellas. Y dónde están ahora. Y qué otros proyectos tiene entre manos la susodicha Comisión de Rescate para honrar, con actos efectivos, el V Centenario del Descubrimiento.

La dispersión por las tormentas de la gran flota de 1641, la pérdida de la mayor parte de sus naos, el hundimiento de las naves capitana y almiranta, portadoras de las mayores, por no decir las únicas rentas que percibía el tesoro real, fue una más —aunque tal vez la mayor— de las catástrofes navales de aquel tiempo. Y su «redescubrimiento» y rescate, la más grande y fascinante aventura emprendida y coronada por los novísimos buscadores de tesoros.

III. EL RESCATE DEL *CONCEPCIÓN*

La palabra «pecio», muy usada por los arqueólogos submarinos, es de rancio abolengo marinero. Incomprensiblemente, el primer diccionario de 1780 no la incluye, aunque sí los intermedios y, por supuesto, el último. Y digo «incomprensiblemente» porque, en su segunda acepción, que antaño significaba «impuesto que el dueño de un puerto designaba por permitir su rescate a los patronos de los barcos sumergidos en sus aguas», fue abolido por los Reyes Católicos, considerándolo abusivo: lo cual viene a demostrarnos su insigne antigüedad. La otra acepción, que persiste hasta nuestros días, es la de «pedazos o restos de buques naufragados y cuanto en ellos se contiene».

En toda operación arqueológica en el fondo de los mares lo primero, por tanto, que se busca es «el pecio». Cuando una empresa extranjera consigue el permiso de un gobierno para rastrear sus aguas territoriales, todo depende del hallazgo del pecio, que viene a ser a la arqueología submarina lo que «el yacimiento» es a la terrestre.

Mas he aquí que el pecio no se ve desde la superficie de las aguas.

Y los buceadores tampoco pueden escudriñar sin más, palmo a palmo, en su busca, las profundidades oceánicas. Y, no obstante, esto es lo que hicieron los miembros de la compañía Seaquest International durante cinco largos meses de 1977, en los que numeraron tan paciente como inútilmente mil ochocientos noventa y una cabezas de coral, en busca del pecio del galeón almirante de la flota española de 1641, hasta que, confundidos y desalentados, decidieron abandonar las pesquisas con tanto empeño iniciadas.

Y es que habían olvidado que la historia no es «una sencilla fábula que todos hemos aceptado» (como afirmaba cínicamente ese siniestro personaje llamado Napoleón, y que los franceses, grandes manipuladores, se las han ingeniado para transformarlo de pícaro en héroe), sino que es «el testimonio del tiempo, la luz de la verdad, la vida de la memoria y maestra de la vida», como sentenció Cicerón. Y fue en el Archivo de Indias de Sevilla —por las descripciones de los supervivientes— y en el de Kent, de Maidstone, Inglaterra —por los relatos de los primeros saqueadores—, donde los buscadores del *Concepción* encontraron la ubicación exacta (longitud, latitud, con sus grados y minutos) en donde, trescientos cincuenta años atrás, se produjo el trágico naufragio de la nave almirante de la flota de Veracruz.

Desde la superficie —dije antes— los ojos no advierten la existencia de un pecio. Las más perfectas fotografías aéreas tampoco denuncian una mancha anómala que permita sospechar la existencia de un cuerpo extraño en el fondo de las aguas, como los rayos X reflejan en un cuerpo la pálida nebulosa de un tumor. Mas hay un aparato denominado *magnetómetro de cesio* que cumple esta actividad con más precisión que una atenta pupila que escudriña o que unas manos que palpan minuciosa y morosamente. Arrastrado a medias aguas por un zodiac o motora de goma, este instrumento refleja sobre una pantalla llevada a bordo cualquier anormalidad en los fondos, aunque sea un alfiler de acero enterrado a un metro bajo la arena en las simas oceánicas.

Si no se trata de un objeto, sino de multitud de ellos, la aguja del magnetómetro se vuelve loca, como si gritara: «aquí está el pecio que buscáis». Y esto es lo que aconteció a los pocos minutos de que los botes auxiliares de la segunda expedición de la Seaquest International iniciaran sus desplazamientos en aguas territoriales de la República Dominicana y sobre la zona precisa que indicaban los archivos históricos.

Tomen nota de esto los aficionados que quieran profesionalizarse: la historia, primero; los magnetómetros, después.

Apenas hubo la aguja del detector marcado una anomalía, uno de los buceadores lanzóse al agua. Descender en aquellos parajes, donde las cabezas de coral semejan miríadas de troncos de un bosque de piedra, equivale al vuelo de un pájaro que se desliza, sorteando ramas, desde las copas de los árboles hacia el suelo. Al llegar a él vio el hombre, con alegría, que el fondo estaba cubierto, en una gran extensión, por lascas y piedras de río de las que usaban los viejos galeones como lastre y que se fueron derramando —según supuso, y supuso bien— a medida que una parte de la nao, partida en dos, se deslizaba, a causa de su peso, por la ladera de corales, y una vez en el fondo era arrastrada por las corrientes. Levantó el buzo una de las lajas y tomó en sus manos una plaquita redonda. Era una moneda de plata. Ascendió a la superficie, la mostró a sus compañeros y éstos, al punto, repitieron la operación. Aquella tarde regresaron a bordo del buque principal —el *Samala*— con ciento sesenta monedas acuñadas en las cecas de México. Eran las primeras de las sesenta mil que habrían de encontrarse. La gran aventura del hallazgo submarino más importante del mundo había comenzado.

Al día siguiente (y en tanto que Henry Taylor, el numismático de a bordo), limpiaba y clasificaba las piezas, comprobando —lo cual era de extrema importancia— que no había ninguna moneda posterior a la fecha del hundimiento del *Concepción*, y que la mayoría estaban acuñadas en México en 1641, el mismo año de la catástrofe, los buzos prosiguieron su fascinante labor. Uno de ellos, tras levantar unas piedras del lastre y hurgar en un montículo de arena que había debajo, vio que del suelo surgía cierta sustancia de un azul intensísimo que, en poco tiempo, le dejó envuelto en una nube que parecía emanar de un mágico surtidor. Era como si un millar de pulpos lanzara sobre él su tinta para cegarle. Mas he aquí que la nube que lanzan estos moluscos cefalópodos es negra, mientras que esta otra que le envolvía en un hálito de irrealidad y nimbaba los corales que le circundaban, y a él mismo, en una alucinante vaporosidad, era celeste como el cielo incontaminado de una montaña a mediodía, como los ojos que inspiraron a Gutiérrez de Cetina, como los pétalos de las campánulas, como turquesas diluidas. Algunos trozos de materia de igual color flotaban en torno suyo; presionólos entre los dedos enguantados y el entorno marino se volvió en un líquido viscoso más intensamente azul que el primero. Cuando ascendió a la superficie, teñido todo él del color de una túnica de la Inmaculada Concepción, y se analizó la extraña sustancia en que estaba impregnado, se comprobó... que era añil. Podridas las cajas en que iba empaquetado, y los lienzos o papeles que envolvían cada pieza, un inmenso cargamento de varias toneladas de añil se había conservado allí, intacto, durante casi cuatro siglos, hasta que una mano de hombre vino a removerlo de su insólito escondrijo. Mientras este hombre vivía esta rara y nunca vista experiencia, otros descubrían unos astrolabios, unos compases, unas balas de cañón en forma de tibia de las que servían para abatir los mástiles de los buques enemigos; otros, estatuas chinas de marfil, apagavelas de plata con su tijereta para cortar el pabilo, un vaso de cristal tallado, cerámica mexicana de Puebla —cotizadísima en nuestros días— una valiosa vajilla china de la dinastía Ming, sin un solo rasguño, de la época conocida por Ch'en Hua, del siglo xv..., otro hallaba bases de plata para vasos, collares de oro de 22 quilates, perfumeros de lo mismo cubiertos de bellísimas filigranas de plata, huesos humanos, huesos de animales, jeringuillas para limpiar los oídos, balas de mosquete, empuñaduras de espadas...

El arquitecto Pedro J. Borrell, experto submarinista también él y fotógrafo subacuático de primer orden, de quien obtuve (como dije anteriormente) casi todos los datos que aquí se contienen, legó a la posteridad los espléndidos documentos gráficos que inmovilizan sobre el papel el singular momento en que las manos de un buzo extraen de bajo la arena un collar de oro de medio metro de longitud o la estatua de un niño de marfil oriunda de China.

Observando los arqueólogos que algunos corales

eran sensibles a los detectores de metales, se perforó uno de ellos desde la punta de su cabeza, casi a flor de agua, y pudo comprobarse lo que había crecido en trescientos treinta y tres años, pues en su interior, y a bastante profundidad, se descubrió un tercer astrolabio fechado en 1632, un sello de bronce con un escudo de armas, utilizado para sellar con lacre cartas y documentos, varios miles de monedas sueltas y una jofaina repleta de dinero. Muy cerca de allí también se descubrió, merced a algunos objetos encontrados, cómo hacían algunos ricachos y granujas españoles para contrabandear plata y eludir, al llegar a Sevilla, el pago de los impuestos. ¡He aquí otros aspectos inéditos de nuestra historia sumergida!

Muy próximo al lugar donde surgió el sorprendente manantial de añil, uno de los arqueólogos comenzó a palpar y retirar la arena de una bolsa de lo mismo. Notó que había objetos duros debajo y, con sumo cuidado, retiró una taza con inscripciones chinas; siguió palpando, escarbando, y extrajo un precioso juego de té completo y en tan buen estado de conservación como si a lo largo de todo este tiempo lo hubiesen conservado en una alacena.

Concluida la retirada de tales objetos observó que las piezas estuvieron situadas sobre una base de madera que tenía todo el aspecto del fondo de una maleta. Prosiguió manipulando y se sorprendió del grosor y del peso de ese fondo, cuyas maderas se apartaron, dejando a la vista, perfectamente apiladas y alineadas, dieciséis mil monedas de plata; una verdadera fortuna, que el pícaro indiano pensaba, sin duda, no declarar a las autoridades aduaneras de la sevillana Torre del Oro.

El cómo y el porqué se conservaron las porcelanas chinas sin quebrarse es de mi invención y, por ende, tal vez torpe, por ser mía. Existen en el Caribe una suerte de gusanos de agua, llamados broma, que se alimentan de madera. Incluso los navíos largo tiempo fondeados corren el riesgo de ver carcomidas sus cuadernas. Pues bien, al comenzar a agujerearse la madera de esta valija se fue llenando por tales orificios de arena y polvillo de coral, cuya mezcla sirvió de soporte y protección a las preciosas piezas orientales, formando un molde protector —incluso cuando la valija hubo desaparecido— y tan colosal que las conservó intactas en tres siglos y medio. Hoy se encuentran archivadas junto con la mayor colección numismática que se conoce, en el museo de las Casas Reales, de Santo Domingo, donde maravillan a cuantos lo visitan; y son, a la par, timbre de legítimo orgullo para cuantos colaboraron tan audaz y pacientemente a la recuperación de la desdichada nao almirante que un día aciago de julio de 1641 zarpó con 29 naves más rumbo a Sevilla desde el puerto mexicano de Veracruz.

IV. TÉCNICAS EMPLEADAS EN LOS RESCATES ARQUEOLÓGICOS BAJO EL MAR

En los capítulos precedentes de esta misma serie he puesto ejemplos concretos de hundimientos famosos de galeones españoles y sus no menos famosos rescates en aguas territoriales de la República Dominicana de los que se extrajeron tales cantidades de oro, plata y obras de arte e históricas que su valor excede en mucho a lo que la más exaltada fantasía hubiera podido imaginar.

Antes de proceder al catálogo de otros famosos naufragios, cuyos vestigios permanecen ocultos en las simas marinas (pero que no son en modo alguno inencontrables) me parece útil abrir un paréntesis en mis relatos para hablar de las técnicas que han hecho posible los éxitos hasta ahora alcanzados y que harán posible igualmente en el futuro otros hallazgos no menos trascendentales.

Quiero anticipar que sería radicalmente injusto no aludir a la decisiva colaboración de los norteamericanos en estas investigaciones. En Estados Unidos se han creado en varias universidades, facultades e institutos exclusivamente dedicados a la investigación arqueológica en el fondo de los mares; los graduados en estos centros de estudios son auténticos profesionales especializados en algunas de las técnicas que paso a explicar.

Los hundimientos están relatados o bien en los diarios de navegación de los pilotos o capitanes de las flotas que perdieron algún buque o en los escritos de los cronistas de Indias que presenciaron los acontecimientos o se documentaron directamente de los testigos de los hechos o —como fue el caso del *Concepción*— por relatos y declaraciones de los supervivientes. Ya conté, en una crónica anterior, cómo una expedición norteamericana empleó ingentes cantidades de dinero y casi medio año de tiempo en intentar infructuosamente localizar un galeón español, y bastó una visita al Archivo de Indias de Sevilla y a otro británico para —en una segunda expedición— encontrar los restos que buscaban al primer intento. Cronológicamente, la profunda y exhaustiva investigación histórica es lo primero.

Ya dijimos que la palabra «pecio» equivale en arqueología submarina a lo que se entiende por «yacimiento» en la terrestre. El pecio no es nunca un objeto aislado, sino la acumulación de cosas dispersas procedentes de un navío concreto y que suelen quedar esparcidas en una extensa zona, cuyo epicentro es el lugar en que se produjo el hundimiento. Un buceador provisto de una pizarra impermeable y de instrumentos para medir ha de dibujar un plano del pecio: el lugar en que queda la estructura mayor del buque (si es que queda algo), la situación de las áncoras, de los cañones, cofres, las distancias entre cada pieza, etcétera. El casco puede haber quedado destruido por la broma, un molusco lamelibranquio, devorador de las maderas sumergidas; pero, aquellas piezas de las cuadernas que hayan quedado cubiertas de arena, quedan protegidas de este voraz gusano de mar. No obstante, los castillos de popa y proa, acostumbran llevar determinados adornos u objetos metálicos distintivos que permiten identificar cuál es la dirección que llevaba el buque; si su casco fue arrastrado por las corrientes del fondo o quedó aprisionado entre rocas o cabezas de coral, lo cual servirá para reconstruir cómo se produjo el naufragio y será una ayuda inapreciable para la búsqueda posterior. Verbigracia: si todos los cañones quedan a la banda de estribor, significará que la nave se ladeó por ese costado y su contenido se derrapó por allí. La búsqueda, por ende, habrá de ser más minuciosa de ese lado que no en el contrario. Estos bocetos realizados en los fondos por un especialista que denominaremos el «topógrafo submarino de la expedición», habrá de completarse a bordo, transformándose en un verdadero plano a escala, que irá modificándose, día tras día, situando en él las nuevas piezas que se vayan encontrando. Por ejemplo, si se han hallado tres cuentas de perlas de un collar habrá que marcar el lugar en el plano para seguir excavando en el mismo sitio en que se encontraron las primeras y extraer las restantes. Terminado el plano del pecio se cuadricula y se encomienda a cada buceador el rastreo de una cuadrícula concreta y no de otra.

El magnetómetro es un detector flotante que la nave principal o los botes auxiliares —según el calado de la zona— llevan arrastrando a medias aguas mientras navegan. Aunque mi ejemplo resulte un tanto pedestre, diré que es como en la pesca al curricán, o a la cacea, también llamada al «arrastre» en que la embarcación se desplaza de un lado a otro arrastrando por la popa un señuelo, en el que se engancha la pieza codiciada. Pero el magnetómetro, en lugar de apresar un bonito o un dorado, lo que «pesca» es la señal de que está sobrenavegando una zona en cuyos fondos hay objetos metálicos. Curiosamente, no detecta las aleaciones como el bronce, mas sí los metales puros, como oro, plata, y, sobre todo, hierro. Al percibir la señal que lanza este instrumento avisando la presencia de metales en su proximidad, se impone marcar inmediatamente el sitio con una boya y delimitar con otros flotadores todos los puntos en que el detector es sensible y denuncia determinadas anomalías. La frontera exterior de esta zona, señalada por las balizas, será aquella en que el magnetómetro deje de emitir señales, pues significa que más allá de lo marcado por ellas, no hay nada. La gran aventura del rescate de un buque ha comenzado.

El detector de metales

El magnetómetro no puede introducirse en toda clase de aguas. Los bajos coralíferos —donde tantos hundimientos se han producido— extienden sus ramificaciones hasta el borde mismo del mar y, algunas, incluso, emergen de la superficie de modo que podría partirse entre los corales, corriendo la misma suerte que el buque al que están buscando. Se impone, pues, otro instrumento: el detector manual de metales, que consiste en un largo mango en cuya base hay una suerte de anillo que el submarinista aplica directamente sobre el suelo, las rocas, o los troncos de los corales en los que no se observa con los ojos nada de aparente interés.

Mas este aparato detecta lo que hay en el subsuelo y a la menor señal indicativa procede excavar. Lo mismo puede hallarse en la arena, a tres pies bajo el subsuelo, un clavo herrumbroso que una jofaina de oro; una bacinilla que un matrimonio llevaba a bordo para las íntimas necesidades de una criatura, que joyas tan valiosas como los medallones de oro con la cruz de Calatrava rodeada de diamantes, y otras muchas joyas de las que hablaré en su día y que se encontraron entre los restos del *Tolosa*, un buque que zarpó de Cádiz el 13 de julio de 1724 junto al *Guadalupe*, con un importante cargamento de mercurio para las minas de plata y oro de México, Colombia y Perú y que jamás llegaron a su destino.

Ignoro el nombre técnico de este artefacto, pero me resisto a sembrar mi texto de anglicismos innecesarios. Es como una larga manguera semejante a las que se usan para limpiar las piscinas, en las que se inyecta agua a presión. Su manejo es muy delicado. Al aplicarse en la proximidad del subsuelo marino, remuévese la tierra, el polvillo vegetal vuela como nubes por el agua, los restos de corales y algas se desplazan y queda al descubierto lo que se busca. A veces, cosas tan delicadas como vasos de cristal tallados en La Granja. Apenas su bordillo asoma entre las lajas de piedra o las arenas del fondo, estas mangueras van retirando los objetos accesorios sin dañar al principal, consiguiendo recuperarlos enteros, sin fisuras, como las joyas de cristal o de finísima porcelana que se conservan en el museo de las Casas Reales de Santo Domingo. Un fenómeno curioso que produce la utilización de dichas mangueras es la atracción de toda clase de peces chicos (de las más increíbles formas y fosforescencias que acuden a buscar alimento —larvas, huevas, diminutos crustáceos—) removidos por el agua a presión. Y tras los peces chicos vienen los grandes —barracudas, tiburones—, que observan temerosos, mas no vengativos, a los intrusos invasores de su hábitat natural.

Cada submarinista tiene en su proximidad un gran canasto de aluminio enrejado en el que va depositando todo cuanto considera de interés por mucho que sea su peso. Imaginemos una roca que tiene adheridas unas monedas. El gran pedazo de piedra se introduce en la canasta sin que el submarinista se detenga a separar las monedas que han quedado «cementadas» en la superficie de la roca, sin entretenerse en separar lo que con más minuciosidad y cuidado pueden hacer los hombres de la superficie. Rellenas estas canastas, se las inyecta de aire (por un procedimiento que no voy a detenerme a explicar) y ascienden para que los técnicos que trabajan a la intemperie puedan estudiarlas; pues no es imposible que lo que tiene monedas visiblemente adheridas en su superficie contenga en su interior otros objetos ocultos de valor inestimable, ya que, el coral, a lo largo de los siglos, ha podido ir creciendo en torno a una pieza de incalculable valor.

El buque investigador, sobre el que suelen mantener una estrecha vigilancia las autoridades locales dueñas de las aguas en las que la investigación se realiza, han de tener a bordo distintos talleres; uno, fotográfico, que revele, al instante, las placas disparadas en un lugar determinado; otro, muy semejante al de un arquitecto, en el que el topógrafo completa los planos cuyos bocetos dibujó bajo el mar; otro, en fin, el más importante, en el que se limpian, clasifican y evalúan las piezas recién extraídas: algunas de las cuales necesitan tratamientos químicos inmediatos para no deteriorarse al contacto con el aire tras varios siglos de no tener otro entorno que el agua salina o que las arenas.

He aquí una breve síntesis —únicamente válida para profanos— del muy delicado proceso que requiere la investigación arqueológica submarina en sus primeros pasos, ya que después hay otros harto complejos que se refieren a la definitiva preservación y conservación de los objetos hallados: técnica en la que es difícil que nadie supere a la Comisión de Rescates Arqueológicos Submarinos de la República Dominicana, quien se ha especializado en estas labores, legando así para la posteridad, en el hábitat del hombre que es el aire, lo que durante tantos siglos residió en ese otro hábitat de peces, algas, arenas y corales.

Quedaría huérfano de datos este capítulo si no aludiéramos a la primera y más importante gestión que han de hacer los directivos de una expedición exploradora antes de iniciar sus trabajos específicos. Me refiero al obligado acuerdo con las autoridades de la nación soberana de las aguas territoriales en que ha de realizarse una hipotética búsqueda arqueológica.

En el caso de la República Dominicana, desde donde escribo, y en cuyas aguas se ha encontrado hasta el presente los más espectaculares hallazgos y donde se encuentran las mayores posibilidades de futuros descubrimientos, las condiciones (que pueden variar de un caso a otro) son las siguientes:

Primero: El equipo extranjero expedicionario aporta todos los gastos de buques, técnicos y aparatos especializados de los que más arriba he dejado constancia.

Segundo: La Armada de guerra dominicana vigilará las aguas en que se está trabajando para evitar que intrusos de cualquier nacionalidad interfieran en las labores de aquéllos a los que fue concedido el permiso correspondiente en exclusiva.

Tercero: El valor de lo descubierto se distribuirá al cincuenta por ciento entre los investigadores y el estado soberano de las aguas territoriales.

Cuarto: Las autoridades dominicanas se reservarán, en cualquier caso, el derecho a escoger —debidamente valorados— aquellos objetos que por su valor histórico o arqueológico interese conservar en los museos de la República.

No se me oculta la avidez de este somero estudio encaminado a animar a los investigadores españoles esforzados y de buena fe, del mismo modo que a desalentar a los aventureros y pusilánimes.

En páginas sucesivas alternaré algo de lo mucho que queda por estudiar en los fondos marinos de la República Dominicana (el más importante yacimiento arqueológico submarino del continente) con ejemplos de otras investigaciones realizadas con tanto esfuerzo en sus planteamientos, como fortuna en sus realizaciones.

V. EL AZOGUE DEL REY (1)

Cuando Tracy Bowden, que trajinaba a veintidós metros de profundidad bajo la superficie del mar, se vio envuelto por aquella lluvia de burbujitas plateadas que no ascendían a la superficie como las de aire, sino que caían pesadamente sobre él, y resbalaban sobre su traje de goma, y formaban como un charco plateado sobre las rocas, estuvo a punto de gritar un ¡hurra! de entusiasmo. Se lo impidieron los pesados tubos que unían sus gafas de buceador con las pesadas bombonas de aire amarradas a su espalda, pero, lo que no pudieron impedir sus trabajos de inmersión submarina, fue la intensa emoción de su ánimo.

Aquellos días fueron pródigos en sorpresas y satisfacciones. Su compañero y subordinado Tony Armstrong, a quien encomendó la investigación de una zona, a popa de lo que fue el casco del buque sumergido descubrió, al pie de un tronco de coral, una bola, una canica del tamaño de una cereza cuya forma esférica le sorprendió. Sin saber qué cosa era la metió en un frasco de cristal y siguió hurgando bajo la arena hasta dar con otras similares. Guardó cuantas pudo y ascendió a la superficie, donde entregó su hallazgo a los técnicos encargados de identificar las piezas. Una vez limpiadas de las concentraciones calcáreas que cubrían las esferas, se descubrió que eran perlas. ¡Las primeras, de cerca de un millar, que habían de encontrarse al cabo de los días! El descubrimiento de Armstrong suponía una excelente aportación para amortizar los gastos de la costosísima búsqueda, pero no aportaban ningún dato respecto a la nacionalidad del buque, ni a la fecha de su hundimiento, ni mucho menos a su identificación. Más importante para esto fue el encuentro, por accidente, de una preciosa joya de hombre. Se le escapó al propio Armstrong el succionador de entre las manos y el artefacto golpeó fuertemente un trozo de madera carcomida. Al retirar el tubo, vio unos puntitos brillantes que tililaban bajo el agua como estrellas. Llevóse consigo el trozo de madera en el que estaban incrustadas esas pupilas que brillaban cual ojos de felinos en la noche, y resultó ser un espléndido medallón orlado de filigranas de oro purísimo con diamantes incrustados que bordeaban una Cruz de Santiago de esmalte verde. Esto era ya una importante contribución para considerar como español al galeón hundido. Pero lo que le identificaba plenamente con el *Conde de Tolosa*, perdido a causa de una pavorosa tormenta el 24 de agosto de 1724 (y que era el navío exacto que buscaban), eran esas diminutas gotas plateadas que caían ahora como mínimos copos sobre el propio capitán de la expedición, Tracy Bowden, porque aquello no era otra cosa que mercurio: una parte del conocido cargamento de azogue que el rey Felipe V enviaba a América a bordo de los galeones *Guadalupe* y *Conde de Tolosa* para ser empleado en las minas de oro y plata de México, Colombia y Perú... y que nunca llegó a su destino.

No le faltaban razones a Tracy Bowden para sentirse orgulloso. Dos años se habían cumplido desde que el director del Museo de las Casas Reales de Santo Domingo, Eugenio Pérez Montas, y el de la dirección general de Parques, Manuel Valverde Podesta, ambos funcionarios del Gobierno de la República Dominicana, le habían contratado para iniciar, en gran escala, un programa que tuviese como fin rescatar la gran cantidad de bienes culturales de la época española, que formaban parte del acervo histórico de la República, y que procedían de los múltiples y trágicos hundimientos producidos en épocas pasadas en sus aguas territoriales. En este tiempo Bowden trabajó en el pecio del *Guadalupe*, extrayendo de él cuanto fue posible, salvo los doscientos cincuenta mil kilos de mercurio que transportaban en estos años, queriendo encontrar a su pareja, el *Conde de Tolosa*, descubrió el galeón francés *Scipion*, hundido en batalla naval con los ingleses. Mas el *Tolosa* no aparecía.

En su opúsculo *Arqueología submarina en la República Dominicana* cuenta Pedro J. Borrell, que mientras la expedición norteamericana trabajaba en el rescate del *Scipion*, uno de sus miembros fue comisionado al Archivo de Indias de Sevilla, donde encontró el relato del capitán de una flotilla de salvamento quien, al tener noticia del recientísimo hundimiento del *Guadalupe* y del *Tolosa*, acudió al lugar en que estaban encallados para «rescatar el azogue del Rey». Lo que en verdad rescataron fueron multitud de cadáveres para darles cristiana sepultura y algunos pocos supervivientes, uno de los cuales había enloquecido. Mas no pudieron extraer el mercurio porque estaba en las bodegas de las partes hundidas de los navíos y —en uno de ellos—, encima de la preciada carga estaban grandes cantidades de hierro que eran transportadas a La Habana para la construcción de un buque en sus astilleros, y que no pudieron ser removidas. Estando junto a los restos del *Guadalupe*, «apenas podía divisar con su catalejo (según cuenta en su relato) el mástil mayor del *Tolosa* hacia el oeste y frente a la próxima ensenada».

Es realmente admirable la precisión y minuciosidad que empleó Bowden para estudiar tan parca declaración. Estudió diversos catalejos marinos de la época del hundimiento (primer cuarto del siglo XVIII) y llegó a la conclusión de que su alcance visual era entre ocho y catorce kilómetros. Tomó un plano de la costa septentrional de La Española, situó la punta del compás sobre el sitio justo en que estaba el *Guadalupe* (cuya ubicación conocía perfectamente, pues él mismo había rescatado sus tesoros) y trazó una circunferencia de ocho kilómetros de radio, según la escala del mapa que tenía entre manos. Trazó después otra de catorce kilómetros. En la franja marcada por las dos circunferencias (en términos geométricos: en su «corona») debería encontrarse el pecio. Mas no al norte ni al este, que sería contrario a las declaraciones del capitán. Al sur, tampoco, por cuanto ahí estaba la costa septentrional de la isla a la que consiguieron llegar a nado algunos, muy pocos, náufragos. En cuanto al oeste, un gran brazo de tierra culminado por el cabo Mangle se incrustaba en el mar sirviendo de separación a dos distintas ensenadas. El mástil mayor del *Tolosa*, que vio el capitán del primitivo y frustrado salvamento, no podría estar «detrás» de este cabo porque dicho oficial, con o sin dificultad, con o sin catalejos, no lo hubiese podido columbrar ya que lo taparía la tierra del citado promontorio. De modo que tenía que estar encima del cabo en una zona que Bowden estimó en cuarenta y un kilómetros cuadrados. Bien: ¿Existían bajíos en esa franja de mar? Sí: habían dos. Las partes a investigar se iban reduciendo porque es evidente que el *Tolosa* naufragó por haber encallado. Escogió como primer lugar para su investigación el bajo llamado de «La cucaracha». El magnetómetro, arrastrado entre dos aguas, no dio ninguna señal en los cuatro primeros días en el que fue «paseado» sobre los fondos. El quinto, tras una jornada agotadora, y cuando ya el bote auxiliar regresaba al buque principal que se denominaba *Hickory*, el indicador del magnetómetro denunció una anomalía y pegó un pequeño salto equivalente a diez gammas. Esto era poco, pero era algo: al menos, un clavo o un alfiler. Situaron una boya en aquel lugar y comenzaron a navegar trazando círculos en torno a la baliza. En un lugar, el indicador del magnetómetro marcó 400 gammas; en otro punto, dio un brinco de miles de gammas. No había duda. Estaban sobre un pecio de grandes dimensiones. El buque naufragado, que estaba en los fondos, contenía extraordinarias cantidades de objetos sumergidos... ¿Sería éste el galeón que buscaban?

Todo esto lo meditaba Tracy Bowden mientras se recreaba en el fondo del mar, duchándose, como quien dice, bajo una cascada de mercurio que fluía como un surtidor de la insólita cavidad en que estuvo encerrado durante doscientos cincuenta y cinco años.

Una historia más —un ejemplo recientísimo— del éxito que acompaña a las escavaciones arqueológicas submarinas, cuando colaboran en ellas el estudio, la técnica, la tenacidad y el entusiasmo.

VI. EL AZOGUE DEL REY (2)

Junto a las joyas, armas, artefactos marinos y utensilios personales que fueron descubiertos hace escasamente trece años junto a los restos hundidos del *Guadalupe* y del *Conde de Tolosa* —los dos galeones que zarparon de Cádiz en 1724 cargados de mercurio para América y que no llegaron nunca a su destino como acabamos de ver—, se encontraron también multitud de huesos humanos. Dos circunstancias suelen acompañar a esos tétricos hallazgos: los fondos arenosos en que se encuentran están teñidos de una sustancia oscura y los despojos humanos suelen estar rodeados de multitud de conchas pertenencientes a caracolas marinas que, en los días inmediatos a la tragedia, acudieron allí en cantidades innumerables para participar de un siniestro, macabro festín. Los huesos suelen estar dispersos a causa del movimiento de las corrientes marinas a través de los siglos. No obstante, junto al pecio del *Guadalupe* se encontró bajo un cañón un esqueleto prácticamente entero. Se ha podido reconstruir que en los momentos previos al hundimiento, los cañones se soltaron de sus amarras a causa de las violentísimas sacudidas provocadas por el furioso oleaje. Uno de ellos mató y arrastró al fondo del mar al hombre al que un día pertenecieron estos huesos, cuyo cráneo se hallaba partido y en cuyo esternón se encontraron, incrustados, los botones de su casaca, de donde se puede inferir que, muy probablemente, se trataba de un oficial de la Marina Real, ya que aquellos navíos eran a la vez buques mercantes, de guerra y de pasajeros. Dados los conocimientos actuales, una paciente investigación tal vez permitiría por el tamaño de los huesos la edad del difunto y el conocimiento de la nómina de marinos profesionales que iban a bordo, identificar este cadáver. Lo mismo acontece con los propietarios de muchos de los objetos hallados. ¿Quién sería una «doña Antonia Franco», cuyo nombre aparece clarísimamente grabado en el reverso de un brazalete de oro allí encontrado? ¿Quién, el maestre o el comendador de Santiago, dueño de un medallón pectoral en que aparece la cruz de esta orden con orfebrería de oro orlada de diamantes? ¿Quién, en fin, el mercader que trasladaba al nuevo mundo centenares de piezas de cristalería de la real fábrica de La Granja de San Ildefonso, noventa y nueve de las cuales fueron halladas intactas tras doscientos cincuenta y cuatro años de permanecer en el fondo de los mares?

De los pecios de estos dos galeones que formaban una sola flotilla se han encontrado unas piezas curiosísimas a modo de monedas y que en realidad eran bulas concedidas por el papa Inocencio XIII, cuyo nombre e imagen aparecen claramente estampadas en ellas; multitud de monedas de plata acuñadas en las cecas españolas en los años 1719 y 1721, portando todas ellas el escudo de armas de Felipe V; un conjunto de utensilios de mujer, probablemente pertenecientes, dada la identidad de su confección, a una sola persona: un peine de marfil, un joyero de plata con un rosario dentro, una plancha de hierro, una polvera también de plata, agujetas para tejer, dos tijeras, botones de hueso, alfileres de bronce...; un precioso crucifijo de plata con huecos en los que se incrustaron piedras preciosas (probablemente esmeraldas) y que se desprendieron; cientos de medallas religiosas de bronce y latón, una de ellas con la efigie de san Pedro de Alcántara, el contemporáneo y maestro de santa Teresa; otra, con los nombres de los Reyes Magos en el anverso, el ya citado brazalete de doña Antonia Franco, monedas de oro de ocho escudos acuñados en Lima en 1720; juegos de pesos de bronce para balanzas guardados en cajas herméticas del mismo material; crucifijos colgantes de pared; tinajas de barro vidriado sin número que se utilizaban para almacenar cereales, aceitunas, aceite o agua; soperas, platos y cubiertos de bronce o de peltre, que eran los de uso diario en los comedores de los galeones; cinco vinagreras de cristal tallado, intactas, que no perdieron ni sus asas ni tapones a pesar de la fragilidad del material; los casi cien vasos enteros a que antes aludí empaquetados unos dentro de los otros y que aún conservaban las fibras vegetales en que fueron empaquetados para separarlos y evitar que se rompieran; un reloj sonoro de bronce inglés con una inscripción que dice «Windmills, London»; muchas pipas de barro; medallas, broches y anillos de oro decorados con esmeraldas y amatistas; cuarenta y seis cañones; un magnífico bastón de marfil; un apagacandelas de plata, una medalla de bronce con la imagen de san Pascual; diversos tarros, platos, jícaras y jofainas de cerámica de Talavera; escandallos de plomo utilizados para medir el calado desde los propios barcos, en cuyos extremos había un hueco donde se colocaba cera para conocer, de este modo, si el fondo era de arena, de algas o de piedra; infinidad de barriles para transportar mercurio; una caja de granadas de mano; anclas; campanas; brújulas; relojes lunares y de sol; un calculador de bolsillo formado por cuatro placas de marfil unidas entre sí por bisagras que las permitían girar; gran número de «higas» de vidrio y de azabache (instrumentos supersticiosos que aún se usan en Brasil para alejar la mala estrella); una soberbia jarra de cristal tallada a mano; un vaso con una escena de caza del mismo material, igualmente tallado; frascos de farmacia para guardar hierbas y drogas medicinales; un magnífico medallón de cristal enmarcado en orla de oro con restos de una pintura de color en su centro, que probablemente representaba la efigie de su dueña; el pectoral de la Real Orden de Caballería de Santiago, de que antes hablé, adornada con 24 diamantes; cruces, broches y otros medallones de plata y oro con esmeraldas, perlas y brillantes; un millar de perlas sueltas; cuarenta monedas de oro de medio y un cuarto de doblón acuñadas en la ceca de Valencia durante el reinado de Felipe V, y mutiltud de otros objetos que sería imposible enumerar.

Pero aún queda algo de extraordinaria importancia por rescatar. Los 400 000 kilos de mercurio que transportaban ambos galeones. Dado su gran peso y su condición de líquido, este mineral se incrusta entre las hendeduras de la arena hasta alcanzar, tal vez a grandes profundidades, un material duro en que poder asentarse. Por las escasas muestras (apenas mil libras) que han podido ser recuperadas se comprobó que la inmersión submarina no afecta ni modifica ninguna de sus propiedades. Allí mismo, bajo el subsuelo marino, dos grandes lagunas de 400 000 kilos de mercurio en su conjunto, esperan a que otras técnicas, superiores a las actuales, consigan fabricar instrumentos para detectarlo y extraerlo. Ésta sería otra gran hazaña, no imposible de alcanzar en el futuro, de los continuadores de la obra iniciada por los investigadores norteamericanos que, en colaboración con las autoridades de la República de Santo Domingo, tanto están haciendo.

VII. NOTICIA DE JUAN DE AGUADO

Frente a las tres modestas carabelas del primer viaje y su miserable tripulación de sólo ochenta y siete hombres, la segunda partida de Colón para las Indias Occidentales, fue gloriosa y espectacular: tres carracas de cien toneladas, catorce carabelas y mil quinientos hombres a bordo lo atestiguan. Y es que, en la primera navegación, el aire que alentaba en las velas era una breve aura con ráfagas intercaladas de esperanza e incertidumbre, mientras que en este su segundo viaje era el recio viento del entusiasmo que da lo comprobado. ¡Un mundo nuevo había sido descubierto! El mendicante soñador, hoy ascendido a almirante de la Mar Océana y visorrey y gobernador de las tierras descubiertas y de las que se descubrieran en el futuro, tuvo y tenía razón.

(Si se quiere medir el grado de confianza que tuvieron los reyes en su almirante del Mar Océano al correr del tiempo, no hay más que contar los buques que, en cada caso, pusieron bajo su mando. En el primer viaje, tres navíos; en el segundo, diecisiete; en el tercero, seis; en el último, cuatro...)

Este segundo viaje marcó para Colón la cúspide de su gloria. Los que iban a bordo, en esta segunda y memorable expedición para las Indias, ya no eran tan sólo oscuros marineros, sino médicos, artífices de diversas artes, religiosos, gentileshombres y cortesanos. Entre estos pasajeros que zarparon de Cádiz el 25 de septiembre de 1493 conviene anticipar los nombres de algunos ilustres personajes íntimamente relacionados con nuestra historia: Diego de Colón, hermano del almirante; el doctor Álvarez Chanca; un benedictino de Montserrat, fray Bernal Buil, que tenía bula del Papa, quien le nombró algo semejante a nuncio suyo en las tierras recién descubiertas; un tal Pedro Margarite, quien, al igual que el último citado, fue más tarde feroz acusador de Colón ante los reyes; Antonio de Torres, el de los tristes destinos, que habría de capitanear la escuadra en su infeliz viaje de regreso a España y que más tarde moriría ahogado al perderse toda su flota, y un tal Juan de Aguado, cuyas naves, supuestamente hundidas en ulterior ocasión, están siendo buscadas en aguas septentrionales de la República Dominicana. Se tiene la evidencia de que Juan de Aguado viajó con Colón en su segundo periplo por una carta de recomendación de la reina Isabel dirigida al descubridor y por un memorial de éste dirigido a la reina. En lo fundamental, el texto de la soberana dice así: «Don Cristóbal Colón, mi almirante de las islas e tierras del Mar Océano: Juan de Aguado, mi repostero, va allá, a me servir en esa armada que lleváis; y por ser él criado mío, querría que fuese bien mirado, etcétera. De Barcelona, a treinta de junio de noventa y tres años. Yo, la Reina.»

Pasa el tiempo, y desde la isla La Española (a donde llegaron sin contratiempos los diecisiete navíos, el 30 de noviembre) Colón escribe un largo memorial a doña Isabel, que le habrá de llevar a mano Antonio de Torres. En este memorial, fechado el 30 de enero de 1494, comenta: «Cuán bien ha servido, en todo lo que le ha sido mandado, el criado de sus Altezas, Juan de Aguado.»

Antonio Torres se fue para España con este memorial y con doce de los diecisiete navíos que trajo Colón. Entretanto el almirante se fue a proseguir sus descubrimientos con los que quedaban, tras cometer el inefable error de nombrar gobernador, en ausencia suya, a su hermano Diego. El saberse mandados por aquel advenedizo extranjero sentó como un disparo en el epigastrio a los gentileshombres, a los militares de profesión, que lucharon en Málaga y Granada contra los moros —y que los había, y muy ilustres, en aquella expedición—, y no digamos al legado del Papa, fray Buil, quien consideraba perfectamente compatible la cura de almas con la gobernación de un territorio. Paso por alto otros gravísimos errores de Colón en la administración de la isla y en el mando de aquellos orgullosos españoles, para indicar que, tras un largo viaje descubridor (en el que padeció gravísima enfermedad que le privó del habla, de la memoria y de los sentidos), al regresar a Puerto Isabela se encuentra a su otro hermano Bartolomé, al que había comisionado ante el rey de Inglaterra para mendigar su ayuda en la empresa descubridora. Ni corto ni perezoso, en un acto más de nepotismo, le nombra «Adelantado de las Indias», cosa que enfadó mucho a los reyes cuando lo supieron, aunque más tarde le confirmaron el nombramiento; pero que irritó sobre todo a los hidalgos residentes en La Española que se creían con mejores derechos. La tensión, por aquel entonces, entre gobernadores y gobernados había llegado a tal punto que, en cuanto Colón hacía algo que no era del gusto del legado del Papa, éste suspendía los oficios divinos y se negaba a otorgar sacramentos. Colón, como represalia, retiraba la ración de alimentos al fraile benedictino y a todos sus familiares. Si querían alimentarse, que se fueran de pesca. El poder civil y el eclesiástico, una vez más en la Historia, habían chocado. Pero era la primera vez que se enfrentaban en la historia de América. De aquí el interés del dato. Para hacer corto el cuento —como dicen los mexicanos—, las mismas naves que trajeron a Bartolomé Colón se llevaron a España a los descontentos. Fuese Buil, el benedictino de Montserrat; fuese Pedro Margarite y, aunque ningún documento lo confirme, fuese también en ese viaje el misterioso Juan de Aguado que es en verdad el hilo de nuestro ovillo, ya que son unas naves suyas hundidas las que se intentan ahora rescatar con harto escepticismo del que esto escribe, como se verá en otra ocasión. También pudo irse el tal Aguado en otra posterior (diciembre de 1494), en la que Colón manda a su hermano Diego para que defienda sus intereses ante los reyes, pues no le cabe duda —y no se equivocó— de que aquellos influyentes señores informarían a la corte en su contra.

El caso es que los rastros de Juan de Aguado en España se encuentran tan presto que me inclino a pensar que se fue en una de las primerísimas expediciones que tomaron el camino de regreso a la península. ¡Y qué sorprendentes son estos rastros! El 13 de abril de 1495 los reyes le mandan —una vez más— a las Indias en una misión secretísima, para lo cual le entregan esta extraña y nunca vista credencial:

«El Rey e la Reyna: Caballeros y escuderos y otras personas que por nuestro mandato estáis en las Indias. Allá vos mandamos a Juan de Aguado nuestro repostero, el cual de nuestra parte vos hablará. De Madrid a 9 de abril de 1495.» ¡Insólito documento no dirigido al «Almirante, Visorrey y Gobernador», sino al pueblo llano! Se podría pensar incluso que fue falsificado por Juan de Aguado si no hubiese otros documentos que comprobasen su autenticidad. Tal es una carta dirigida por la reina al obispo de Badajoz, encomendándole que diese el mando de cuatro carabelas (que enviaba) al tal Aguado, quien llegó, en efecto, a Puerto Isabela en octubre de 1495, más o menos en el tercer aniversario del descubrimiento. Y apenas llegó (según la versión del cronista Fernández de Oviedo) «dijo al almirante que se aparejase para ir a España. Lo cual él sintió por cosa muy grave, e vistióse de pardo como un fraile, e dejóse crecer la barba». Pero obedeció y fue a sincerarse ante los reyes. Aquí acaba el segundo viaje de Cristóbal Colón, iniciado en olor de triunfo y concluido en circunstancias oscuras y tristes. ¿Quién fue Juan de Aguado —nos preguntamos en el título de esta meditación histórica—, un hombre que ni siquiera aparece en los diccionarios? La respuesta es clara: un individuo modesto, un cortesano discreto, a quien los reyes encomendaron que dijese a Colón que deseaban hablar con él. Fue una embajada prudente, pero premonitoria. La segunda vez, años más tarde, en que los monarcas enviaron a Colón un emisario, éste lo apresó y le envió a España, cargado de cadenas, así como a sus hermanos los nepotes Diego y Bartolomé. Este segundo emisario fue Bobadilla, a quien Dios castigó su gran osadía hundiéndole en las simas de los mares con toda su escuadra cargada de oro. De Juan de Aguado (salvo una levísima alusión de Fernández de Oviedo) nunca más se supo. Y, no obstante, las que se están buscando en una expedición, con cuyos componentes he convivido a bordo varios días, no son las naves «históricamente hundidas» de Bobadilla, sino las hipotéticamente perdidas de Juan de Aguado... El tema es tan apasionante como complejo. La expedición de Bobadilla merece un nuevo capítulo.

VIII. EL ÚLTIMO VIAJE COLOMBINO

Cuando el piloto sevillano Pedro de Ledesma se lanzó valientemente al agua para recorrer más de una milla cuajada de tiburones y barracudas, no pudo menos de considerar la temeraria imprudencia que el almirante don Cristóbal Colón acababa de cometer. Con la insensata intención de que poblasen en aquel maldito lugar —hoy Panamá—, había dejado a su hermano, el adelantado don Bartolomé, al mando de indios enemigos y feroces, en tanto él pensaba regresar a Castilla para informar a los reyes de los nuevos descubrimientos en tierra firme que realizó en esta su cuarta travesía del océano. Cierto que les dejó un navío, pero en caso de peligro les sería harto difícil huir en él, porque la desembocadura del río se cerraba con frecuencia por la acumulación de arena, y sólo se hacía navegable cuando los temporales limpiaban la bocana. ¿Olvidó el almirante lo que aconteció con los hombres que dejó en el famoso fuerte de Navidad, construido con los despojos de la nao capitana *Santa María*, durante su primer viaje? Cuando regresó a por ellos en su segundo periplo ni uno sólo quedaba vivo. ¿Quería que ahora se repitiese la historia? Pero si grande era la temeridad de abandonar allí a aquel puñado de valientes, mayor fue la osadía de encomendar a la barca auxiliar de la carabela que remontase el río Belén, a remo, hasta que el agua salada de la desembocadura se trocase en dulce para llenar con ella las pipas antes de retornar a Castilla.

Diez días hacía ya que el batel, que era el único que

quedaba a bordo, se adentró por aquella corriente, aguas arriba, sin que hubiese regresado. Entretanto, los otros tres navíos de la flotilla esperaban en alta mar sin otra protección que la de sus febles anclas para resistir los embates de las corrientes. En todo esto pensaba el corajudo andaluz mientras se acercaba nadando a tierra para tener noticias de lo ocurrido, cuando, de súbito, vio acercarse flotando y empujados por la corriente del río, unos bultos informes sobre los que volaban multitud de pájaros. Pedro de Ledesma quedó espantado al comprobar que eran cadáveres humanos sobre los que se cebaban las aves carroñeras. ¡No tardó en reconocer por sus harapos a los remeros del batel! La nao capitana había perdido su único bote auxiliar y a toda su tripulación, que ahora flotaba en el río, asaeteados sus cuerpos de flechas y devorados por pájaros inmundos y voraces. Espantado de cuanto veía, procuró caminar tierra adentro hasta divisar la carabela de don Bartolomé Colón fondeada en el río. Se acercó hasta el poblado, donde los ochenta hombres —desmoralizados por la matanza de los del batel— se disponían a trasladarse a la costa para huir de ahí, con el adelantado al frente. Como aquellos días la bocana de aquel puerto fluvial estaba cegada por los cascajos y la arena tuvieron que abandonar la embarcación.

Cuando se escriba la historia de los naufragios españoles en el Nuevo Mundo (empresa que estoy tentado de emprender y de la que estos capítulos no serían sino un pálido esbozo), no hay que olvidar que Colón en su cuarto y último viaje perdió la totalidad de sus embarcaciones. La primera, en este río Belén, donde insensata e irreflexiblemente pensó fundar la primera población española de tierra firme.

Con sólo tres naos inició desde aquella tierra, que los indios llamaban Veragua (hoy Panamá), el frustrado retorno a España, en el que habría de ser el más desdichado de todos sus marítimos trayectos. ¡Mal había comenzado éste doce meses atrás! Cuando recién cruzado el océano quiso entrar para reparar una carabela al puerto de Santo Domingo, el comendador Ovando le prohibió la entrada. Ahora se dirigía de nuevo allí para refugiarse, pues en las tres carabelas que llevaba, medio desmanteladas por el oleaje y comidas por la broma —ese gusanillo de las aguas tropicales que se alimenta del maderamen de los buques—, el agua entraba por todas partes. Tan cierto era esto que, al llegar a la altura de Porto Bello, hubo que trasladar a los hombres y los pertrechos (así como los rescates de oro que hicieron en Honduras, Nicaragua y Panamá) a las dos naos en mejor estado y abandonar otra de ellas a su suerte: ésta fue la segunda nave perdida por Colón, en el que habría de ser su último viaje. Navegando hacia el noroeste y en las cercanías de dos islotes, entonces llamados De las Tortugas, y hoy Pequeño y Gran Caimán, al sur de Cuba y al oeste de Jamaica, los dos restantes veleros chocaron uno con otro empujados por temibles tormentas, quedando tan descalabrados y fuera de uso que apenas pudieron alcanzar una ensenada de Jamaica donde los encallaron voluntariamente, aún a sabiendas de que en aquella isla no había población alguna de cristianos y que aquellas aguas no correspondían a ruta alguna por donde surcaron navíos desde o hacia la isla La Española.

Ya escribí en un capítulo anterior de esta misma serie que si el segundo viaje colombino fue su Domingo de Ramos, éste de ahora fue su calvario. Enfermo y encamado a causa de la gota; sublevada media tripulación contra su autoridad, varios de cuyos hombres por dos veces quisieron asesinarlo; acabados los bastimentos que traían a bordo; agotados los objetos que llevaban para canjearlos con los indígenas por alimentos; diezmados los pocos leales por el hambre, las enfermedades (cuando no muertos a manos de los naturales); Colón y los suyos permanecieron atrapados en aquel cepo desde el 23 de junio de 1503 hasta el 28 del mismo mes de 1504, fecha en que fueron liberados, quedando abandonadas, por inservibles, las dos carabelas que redondean el catálogo de las perdidas por Colón en el último, penosísimo periplo de su vida de gran navegante.

Agrava tan penosa situación el hecho de que el gobernador Ovando no quiso enviarle socorro alguno, ni atender a los emisarios, a los que envió a remo, en piraguas de indios, por creer el gobernador de La Española que Colón permanecía allí no por imposibilidad de navegar, sino adrede, para entregar las tierras por él descubiertas a una potencia extranjera enemiga de Castilla. Más tarde, el almirante escribiría a la reina: «¿Quién creerá que un pobre extranjero se hubiese de alzar en tal lugar contra Vuestras Altezas, sin causa y sin brazo de otro Príncipe, y estando solo entre sus vasallos y naturales, y teniendo todos mis hijos en su Real Corte?» A lo que, con gran acierto, comenta fray Bartolomé de las Casas: «Éstas son sus palabras y razones, las cuales, de cierto, no son frívolas.»

Cuando al cabo de doce meses y cinco días, deshechos ya los equívocos, le fueron enviadas dos embarcaciones para rescatarle, sus dos carabelas totalmente inservibles quedaron abandonadas. Éstas fueron la tercera y cuarta naves perdidas por Colón en su último viaje. No tengo noticias de que se haya intentado el rescate de las abandonadas en Belén y en Porto Bello, nombres geográficos que, en la actual República de Panamá, aún conservan su antigua toponimia. No obstante, me consta que se está trabajando para rescatar lo que quede de las perdidas en Jamaica. Una de las expediciones investigadoras corre a cargo del Institute of Nautical Archaelogy, bajo la responsabilidad del joven y culto profesor Roger C. Smith, a quien tuve la satisfacción de conocer en Puerto Plata, la ciudad fundada por Nicolás de Ovando en el primer lustro del siglo XVI, desde donde escribo estos comentarios. El profesor Smith me habló de un grupo de españoles que también trabajan en Jamaica para lo mismo. ¡Lástima no haber anotado sus nombres, pues el profesor se ha reintegrado ya a la Universidad de Texas de donde es catedrático de arqueología náutica!

La situación de los dos últimos navíos que capitaneó Colón en vida está documentada. Escribe Fernández de Oviedo: «En aquesta manera de vida trabajosa estuvo un año el almirante e los cristianos que le quedaron, durmiendo e habitando en los navíos que estaban al través, anegados hasta la cubierta dentro del agua de la mar, junto a tierra, e dentro del puerto donde agora esta la ciudad de Sevilla que es la primera población de aquella isla. E, allí cerca, está el puerto que se dice Sancta Gloria.»

Y Bartolomé de las Casas —quien toma este relato de Fernando Colón que acompañó a su padre en su cuarto viaje— precisa: «Pasado el día de San Juan llegaron a otro puerto llamado Sancta Gloria con el mismo peligro y trabajo, y en él entrados, no pudiendo ya más contener los navíos, encalláronlos en tierra lo más que se pudo, que será un tiro de ballesta della, juntos el uno con el otro, bordo con bordo; y con muchos puntales de una parte y de otra, los firmaron de tal manera, que no se podía mover, los cuales se hinchieron de agua hasta casi la cubierta, sobre la cual, y por los castillos de popa y proa, se hicieron estancias donde la gente se aposentase.» Y, más adelante, añade: «... donde después, algunos años pasados, cuando allí fueron a poblar españoles, hicieron un pueblo que llamaron Sevilla». La república de Jamaica, a pesar de ser hoy anglófona, ha conservado los antiguos nombres geográficos. En el proyecto respecto a estos dos rescates, escrito por el profesor Smith, se habla de Sancta Gloria Bay y, en castellano, de Sevilla la Nueva.

Para no ahorrar a Colón un ápice del mucho dolor físico y moral que sufrió en esta su cuarta aventura americana al desembarcar en España en los últimos meses del aciago año del Señor de 1504, el destino le deparó otra hondísima pena: la reina católica —que no debería denominarse Isabel de España o de Castilla, sino Isabel de América— acababa de fallecer.

IX. HUNDIMIENTO DE LA ARMADA DE BOBADILLA

Si como los reyes, tras el segundo viaje colombino, perdonaron al almirante y le repusieron en sus cargos de visorrey y gobernador —a pesar de las graves acusaciones que pesaban sobre él—, no aconteció lo mismo al regresar del tercer viaje. Le liberaron de las cadenas con las que, tan injustamente, le cargó el comendador Bobadilla; se indignaron de los excesos de éste con el descubridor y sus hermanos; le colmaron de honores, le regalaron los oídos con palabras de amor y amistad..., pero no le repusieron en sus cargos. Colón era un gran marino y un pésimo gobernante. En consecuencia, le facilitarían en el futuro cuatro navíos para que prosiguiese descubriendo tierras (en el que sería su cuarto y último viaje), pero sin autoridad para regir sobre la creciente población española trasplantada.

En aquel tiempo realizaron los soberanos católicos el más grande esfuerzo colonizador desde 1492.

Nadie podrá hurtar a Colón la gloria del descubrimiento. Pero quienes hicieron el milagro de crear decenas de Españas del otro lado del mar fueron los reyes. Los reyes solos. Este continente —todo él— debería llamarse como esta pequeña, mínima ciudad de la República Dominicana desde la que escribo: Isabela.

Durante la ausencia de Colón adquirieron gran auge las minas de oro que él mismo descubrió. Y en los ríos, las búsquedas de pepitas auríferas. Y los hallazgos. ¡Y qué hallazgos! La amante india de un tal Miguel

García encontró una roca de oro que, según Oviedo, pesaba «tres mil seiscientos pesos», «y era tan grande como una hogaza de Utrera». El español comentó: «Mucho tiempo ha que he tenido esperanza de comer en platos de oro, e pues de este grano se pueden hacer muchos platos, quiero cortar este lechón sobre él.» «E así lo hizo —concluye Oviedo—; e sobre aquel rico plato lo comieron, e cabía el lechón entero en él, porque era tan grande como he dicho.»

No cuento esta anécdota, del mayor grano de oro de que se tiene noticia, a la topatolondra. Eran tan desproporcionados su peso y su tamaño que, por órdenes de Bobadilla, se lo compraron a Miguel García, para que formara parte del quinto que correspondía a los reyes. Y Bobadilla, que acababa de ser sustituido por Ovando, lo cargó a bordo de una de las treinta naves en que llegó el nuevo gobernador y se aprestó a partir rumbo a España. Y ya estaba para hacerlo, cuando en ese punto justo llegó a Santo Domingo... Cristóbal Colón. Quiero decir llegó... no a la ciudad, sino a la bocana del puerto. Pues no le dejaron entrar. Ovando tenía instrucciones secretas y severísimas de los Reyes Católicos. Colón podría navegar libremente, mas no entrar en la capital de La Española, donde estaba el Gobierno.

Momentos de terrible amargura para Colón. Diez años, menos de cuatro meses, se habían cumplido desde que Rodrigo de Triana atronó la noche con su grito de «¡Tierra, tierra!» ¡Y ahora no le dejaban entrar en la isla por él descubierta! Al intenso dolor tenía que sumarse la humillación. Llevaba consigo a su hijo Hernando, de trece años. Que el muchacho comprobase la gloria de su padre le enardecía tanto como le abatía verse ante él, vejado, proscrito, despreciado, hundido. Estaba ya Colón muy viejo y, para mí, algo —y aún más que algo— desequilibrado. Las insensateces de su cuarto viaje sólo son comparables a las del tercero, cuando escribió a los reyes informándoles que había descubierto el paraíso terrenal. (Bien que en este insigne dislate hay un rasgo de genialidad del que me ocuparé en otra ocasión que me permita dedicarle el espacio que este episodio merece, y del que ahora carezco.) Porque Colón era genial. Loco, pero genial. No olvidemos nunca esto.

Y una de sus mayores genialidades ocurrió ese día aciago. A la negativa de permitirle la entrada en Santo Domingo respondió:

«Veo que la Armada de Bobadilla está preparada para viajar. Me dicen que va cargada de oro para Sus Altezas. Impídanle la salida. Una terrible tormenta se está cuajando. Ya que no me dejan entrar, me refugiaré del huracán en Puerto Escondido.»

No le hicieron caso. Ovando creyó que hablaba por despecho, ya que fue Bobadilla quien en otra ocasión le mandó a España cargado de cadenas. El caso es que Colón se salvó del pavoroso tifón al refugiarse donde dijo... mientras que Bobadilla se hundió con todas sus naves cargadas con cien mil pesos de oro, y con aquella inmensa pepita en la que Miguel García comióse un lechón. A pesar de su evidente decadencia física y mental, tampoco el almirante se equivocó esta vez.

Las naves de Bobadilla siguen aquí. Están en estas aguas. Mas no son ellas las que se están buscando, a pesar de ser las «históricamente hundidas» en la mayor catástrofe naval conocida desde el descubrimiento, sino las de ese Juan de Aguado que, según la opinión expresada en mis anteriores capítulos, no existen, salvo en la imaginación de ese otro gran perturbado que fue fray Bartolomé de las Casas, a quien los americanos del norte y del sur admiran cual si hubiese sido un oráculo de Dios. España no hizo nada entonces para rescatar las naves de Bobadilla. ¿No podría hacerlo ahora?

X. UN POSESIVO QUE OBLIGA

España fue un día —delante de Inglaterra— el país más avanzado en técnicas de rescates submarinos. Hoy, los Estados Unidos aventajan a ambas naciones, por los prodigiosos métodos que emplean sus arqueólogos y por el aleccionamiento de sus buzos, especializados en escudriñar los pecios. El florecimiento del comercio con el próspero virreinato de Nueva España (y a través suyo, con China y Filipinas) produjo un tal incremento de la navegación que trajo inevitablemente aparejado un aumento correlativo de los accidentes marítimos y, en contrapartida, de las medidas de rescate para salvar cuanto se pudiera de hombres y mercancías: sobre todo, de las no perecederas y de gran valor, tales como el oro y la plata de México y Perú, las esmeraldas colombianas y las perlas de las Antillas. Tres flotillas de salvamento estaban continuamente alertas en México, Panamá y Cuba (concretamente en los puertos de Veracruz, Porto Bello y La Habana) para acudir allá donde se supiera que una catástrofe naval se había producido, con el propósito de llegar antes que los piratas (esas aves carroñeras de nuestra especie), cosa que no siempre fue posible. Los lucayos de las Bahamas, los caribes de Florida y los indios naturales de las Pequeñas y Grandes Antillas eran expertísimos pescadores de perlas y esponjas, y fueron colaboradores de inapreciable valor de nuestros marinos y pilotos para el rescate de objetos sumergidos. No obstante, aunque acostumbrados a bajar a grandes profundidades a pulmón libre, su capacidad de resistencia tenía un límite, lo que motivó que los españoles agudizaran su ingenio e inventasen en el siglo XVII el primer instrumento específicamente diseñado y construido para exploraciones en el fondo del mar. Se trataba de una gigantesca campana de bronce, en cuya parte superior había una hilera de ventanillas de cristal. Al ser descendida a los pecios colgada de un cable, de suerte que penetrase en el agua en perfecta verticalidad, el aire que había en ella no tenía por dónde escapar, de modo que el submarinista que rastreaba los fondos podía penetrar en el mágico artefacto, descansar, reponer aire en sus pulmones y contemplar el entorno. Con este procedimiento, muchos y muy valiosos cargamentos fueron recuperados a través de esos siglos en que España podía denominar al Atlántico el Mare Nostrum, como los romanos bautizaron a «su» Mediterráneo.

Ello no es óbice para que, en su tiempo, hubiese piraterías contra los romanos, y en el nuestro, contra los españoles. En el año 1715, diez de nuestros galeones, con un cargamento de oro y plata valorado en catorce millones de pesos españoles de entonces, se hundieron frente a las costas de Florida. Las flotillas de salvamento salieron inmediatamente de La Habana, y cuando ya habían recuperado varios millones de pesos llegaron los corsarios ingleses desde sus guaridas de Jamaica y las Bahamas, mataron a los rescatadores, se quedaron con cuanto aquéllos recuperaron y prosiguieron ya, por sí solos y sin estorbos, la búsqueda de lo que quedaba. Raro que no fueran honrados en Londres, por su proeza, con un título nobiliario, como hizo la reina Isabel I, tan amiga de piraterías, con Francis Drake y Walter Raleigh.

Aunque muchas de las historias de corsarios en el Caribe son ciertas, y los riesgos que representaban para nuestro comercio, evidentes, no hay que pensar que nuestros navíos estaban inermes ante sus ataques. Éstos se atrevían con naves solitarias, que fueron dispersadas por las tormentas y aisladas del núcleo de la expedición principal; pero con las grandes flotas, no. Los mayores enemigos de la nevegación no fueron nunca los Drakes, Morgans, Raleighs, Watlings y demás ralea, sino los huracanes. En manos corsarias podría perderse un buque o dos... pero no toda una flota. Cuando éstas se hundieron íntegras, fue siempre a causa de los tifones, de los que pongo dos pavorosos ejemplos históricos en mi novela *Escrito en las olas*. En mis muy imperfectos apuntes tengo anotadas las siguientes escuadras que sucumbieron enteras a causa de los huracanes: la de Bobadilla (unas veintiocho naves), en 1502; la de 1622, capitaneada por el galeón *Nuestra Señora de Atocha*; la de 1641, de la que se ha descubierto recientemente el pecio de *Nuestra Señora de la Pura y Limpia Concepción*, de la que ya di noticia; la de 1715, en la que se salvó sólo uno de sus once galeones; la de 1724, con sus cuatrocientos mil kilos de mercurio, por no hablar de las naves perdidas por Colón, los Pinzones, Diego Bastida, Solís o Magallanes, cuya escuadra contaba con cinco naos (*Victoria, San Antonio, Santiago, Concepción* y *Trinidad*), de las que sólo una, la primera, pilotada por Elcano, consiguió salvarse y circunvalar la Tierra...

En verdad que la histórica frase de Felipe II «No envié a mi escuadra a luchar contra los elementos» hubiesen podido pronunciarla todos sus antecesores y sucesores, desde que España fue unificada hasta la pérdida de sus últimas provincias de ultramar.

¡Qué bello sería que nuestra patria, bien a través de instituciones filantrópicas, bien de su propia marina de guerra, participase en estos rescates por medio de acuerdos con los países soberanos de las aguas territoriales, de los que son modélicos los establecidos entre la República Dominicana y las compañías privadas estadounidenses especializadas en arqueología submarina! España contaría para ello no sólo con expertísimos marinos profesionales, sino con una riqueza de la que carecen las demás naciones: los archivos que contienen los relatos de los hundimientos, las declaraciones de los supervivientes y la situación exacta en que —en el Atlántico, el Pacífico o el Índico— naufragaron «nuestros» buques. Pero sobre todo contaría con el entusiasmo que se deriva del posesivo que acabo de entrecomillar. Porque, en verdad, se trata de «nuestros» navíos, de «nuestra» historia, de esas «nuestras» glorias navales, que dieron por fruto el parto de un mundo e hicieron redonda la Tierra con la estela de sólo «nuestras» naves. Y si bien los tesoros que allí se descubrieran fueron un día «nuestros» tesoros, los muertos que allí se hallaren siguen siendo «nuestros» muertos.

España no puede, no debe, estar ausente de estas modernísimas investigaciones que están poniendo a flote nuestra historia sumergida. Y con esto doy por concluido este tema en la esperanza y el deseo de que caigan en buena tierra estas semillas que soplo hacia nuestras costas desde esta orilla americana de un mar que un día fue «nuestro» mar.

Tercera parte

Otras americanerías
(Cortés)

I. EL OCÉANO PACÍFICO Y LOS VASCOS

Cuando alguien preguntó, despectivamente, a don Miguel de Unamuno qué había aportado el País Vasco a la Historia con carácter radicalmente universal, respondió con voz tonante: «¡La Compañía de Jesús; la prueba fehaciente de la redondez de la Tierra, y la República de Chile!»

El primer alcalde de Santiago, la capital de la más meridional de las Repúblicas suramericanas, fue un vascongado, Francisco de Aguirre; y desde entonces a nuestros días asombra el número de apellidos vascos —Balmaseda, Ortuzar, Vicuña, Urquieta, Errazuriz, Larraín..., por citar sólo los que me vienen a la punta de la pluma— que han ocupado, en Chile, desde la presidencia de la República al cardenalato, y los más altos puestos políticos, militares, docentes y diplomáticos, o que han brillado en las artes, las letras y las finanzas. No era, pues, una *boutade*, a las que era tan aficionado el genial vizcaíno, lo de citar al culto y entrañable Chile como una de las grandes creaciones vascongadas. El tema me tienta para desarrollarlo con más amplitud en otro trabajo futuro; pero hoy me acucia el segundo de los ejemplos citados por el rector de la Universidad de Salamanca, cuyo nombre, sin duda, engrosa la lista de los muchos españoles universales que ha dado Vasconia a nuestra historia común.

¡No fue, no, un viaje de placer el primero que circunnavegó la Tierra! De los cinco galeones y bergantines —*Concepción, Trinidad, San Antonio, Victoria* y *Santia-*

go— que participaron en la expedición, inicialmente capitaneada por Magallanes, en busca de un paso que uniera el Atlántico con el entonces llamado mar del Sur, la última de las naves citadas, *Santiago*, se pierde en las costas de lo que hoy conocemos como la Patagonia argentina. Ya sólo quedan cuatro. La *San Antonio* resulta tan maltratada por las tormentas que les sorprenden en la boca misma del estrecho que lleva el nombre del capitán de la flota, que regresa a España como inservible. Ya sólo quedan tres. Encontrado, al fin, el paso natural que une los dos mayores océanos del mundo, el resto de la Armada se adentra en el Pacífico, que tarda casi un año en cruzar. En la isla de Cebú muere Magallanes, y los expedicionarios deciden hundir la nao *Concepción*, antes de que lo haga sola, y por falta de gente para repararla, porque entre la salida del puerto de Sanlúcar, el 27 de septiembre de 1519, han muerto setenta y cuatro hombres. Y ya sólo les quedan dos naos. Cuando se pierde la *Trinidad*, y Sebastián Elcano se hace con el mando de la expedición, a bordo de la *Victoria*, la única nave que queda, sólo lleva consigo sesenta y siete hombres. Cuando dobla el cabo de Buena Esperanza y alcanza el archipiélago de Cabo Verde no sobreviven más que veintidós. Y de los doscientos treinta y nueve tripulantes españoles que embarcaron en Sanlúcar sólo bajaron a tierra dieciocho, en el mismo puerto que les vio zarpar, tres años menos catorce días depués de iniciado el prodigioso periplo.

Entretanto, nuestro planeta había sido enlazado, abrazado, por la nave bautizada con el nombre que le correspondía —*¡Victoria!*— y que comandaba un capitán de Guetaria.

No existe tumba de Sebastián Elcano. Aquel que circunvaló el globo no halló un trozo de suelo en toda la redondez del mundo que cobijara sus huesos. No hay una losa que cubra su cadáver, en que esté esculpida la Tierra enlazada con el lema del escudo que le concedió Carlos V: «Primus circumdediste me.» El héroe guipuzcoano regresó al Pacífico en 1526, como segundo de la Armada que comandaba Loaysa; murió en las proximidades de Malasia aquel mismo año, y su cuerpo fue lanzado al mar. El hombre que cruzó por primera vez en la Historia todos los mares del mundo mereció el honor de tener al océano como sepulcro.

Abierto el camino desde América hacia el oeste por la expedición que inició Magallanes, y Elcano culminó, el virrey de la Nueva España, don Luis de Velasco, encomienda a otro guipuzcoano, Miguel López de Legazpi, natural de Zumárraga, la conquista —¡ahí es nada!— de «las islas de Poniente». Tal orden tropezaba con un escollo que parecía insalvable. Era perfectamente posible cruzar el Pacífico de este a oeste. Navegar de México a Filipinas no tenía dificultad alguna..., pero era imposible regresar por el mismo rumbo, ya que los vientos y las corrientes lo impedían. Tres expediciones anteriores lo habían intentado: la de Loaysa (1525), en la que Elcano murió; la de Saavedra Cerón (1527), y la de Ruy López de Villalobos (1542), salidas todas de México. Ninguna de ellas pudo regresar a las costas occidentales de la América española: ni a Chile, en el hemisferio sur; ni a México, en el hemisferio norte. Tras vanos intentos, los pilotos mayores de todas ellas tuvieron que renunciar al empeño y regresar a España siguiendo la peligrosa y larguísima ruta abierta por Elcano. En estas condiciones... tal vez fuera posible ocupar las islas de Poniente (como se llamaba al archipiélago de las Marianas y al de Filipinas), pero... ¿cómo abastecerlas, atenderlas, defenderlas y mantenerlas desde España, y a través de los mares de África, India, China y Malasia? ¡Nunca viose tamaña locura! Legazpi acató las órdenes, mas no sin antes embarcar en la Armada a otro insigne guipuzcoano, el singular Andrés de Urdaneta, mezcla de soldado, sabio y fraile, ex capitán de los tercios de Flandes, Alemania e Italia, que abandonó la espada por el estudio de la matemática, la astronomía y la náutica, y que a los cincuenta y siete de su edad ingresó en la Orden Agustina. ¡Acierto providencial la de llevar consigo a un sujeto de tales prendas!

Al archipiélago que Magallanes denominó «de los Ladrones», lo rebautiza Legazpi con el nombre de las Marianas, en honor de Mariana de Austria, sometiéndolo a la soberanía del rey de España. Y a las otras islas de Poniente, que una expedición anterior bautizó con el nombre de Filipinas, en honor del entonces príncipe de Asturias —más tarde Felipe II—, conquista casi sin derramamiento de sangre, sus once islas mayores y sus siete mil adyacentes. Funda Manila. Y con ello consigue avalorar la frase del rey prudente: «En mi imperio no se pone el Sol.»

En aquellos días aconteció un hecho, que no hubiese merecido en nuestro tiempo sino una reseña de pocas líneas en la sección de sucesos de los periódicos, y que, no obstante, tuvo una enorme trascendencia, como verá quien leyere. Un junco chino naufragó frente a las costas de Filipinas y sus tripulantes fueron salvados por la Armada española, que dominaba aquellos mares, y depositados en sus costas. Como gratitud, los náufragos salvados enviaron desde China unos presentes, a los que correspondió Legazpi con otros. Y se inició, desde los albores mismos de la presencia española en Asia, un comercio muy floreciente entre China y Filipinas, que tuvo, andando los años, una expansión colosal. Volveremos sobre ello.

¿Cómo no informar de tan buenas nuevas al rey? Legazpi, a quien corresponde tanto como a su monarca el sobrenombre de *el Prudente*, comisiona al ex soldado y actual fraile agustino Andrés Urdaneta —nacido en Villafranca de Guipúzcoa— que lleve a cabo esta misión. Y aquí empieza otra historia, que es, en verdad, la historia del océano Pacífico. Urdaneta no puede volver de Asia a América por donde vino: los vientos y las corrientes se lo impedían. Elcano llegó hasta aquí..., pero siguió navegando hacia el oeste empujado por los alisios. Y lo mismo aconteció, como ya vimos, con las dos expediciones anteriores que salieron de México y no pudieron regresar a la Nueva España. ¡Era necesario encontrar los antialisios, y Urdaneta los encontró! Había que navegar muy hacia el norte, y allí cruzar el Pacífico, para recalar en las costas de California. Y después bajar hacia el sur, costeando todo lo que hoy es Estados Unidos, hasta recalar en el puerto mexicano de Acapulco. Asombroso. Urdaneta —el hijo de Villafranca de Guipúzcoa— lo consiguió.

Y es a partir de entonces que se inició, por medio del famoso *Galeón de Manila* —primera línea regular de navegación comercial del mundo—, el comercio de China con Europa. A través de Filipinas primero, y siguiendo después la ruta de los antialisios descubierta por Urdaneta, las mercancías llegaban al puerto mexicano de Acapulco; de ahí eran trasladadas a lomo de caballerías hasta Puebla de los Ángeles, donde había una lonja de productos orientales; desde esta bellísima ciudad (fundada nada menos que por el famoso sabio y santo franciscano fray Toribio de Benavente, a quien los indios llamaban Motolinia: *hombre pobre*), los productos chinos pasaban al puerto atlántico de Veracruz, fundado por Hernán Cortés, donde eran embarcados rumbo a Cádiz o Sevilla. Vale la pena citar algunos de estos productos, porque así como muchos de ellos se universalizaron, otros se hispanizaron exclusivamente, pasando a formar parte de nuestra peculiaridad. Entre los primeros están el clavo, la canela y la vainilla —especias de las que Sebastián Elcano, en su viaje de circunnavegación, trajo cantidades ingentes—, así como tibores, vajillas y porcelanas chinas de la dinastía Ming, que era la entonces reinante. Entre los segundos, el mantón de Manila, la peineta grande de carey, mal llamada «sevillana», los cohetes, bengalas y otros fuegos artificiales..., y la cometa: la cometa de papel de seda, el primer objeto volador creado —en China— por el ingenio humano.

La evangelización de Filipinas —único país cristiano de Asia en nuestros días—; el hecho grandioso, nunca repetido en la Historia, y no por manido menos sublime, de que en los cielos españoles no se pusiera nunca el Sol; la apertura del comercio oriental hacia Occidente..., nada de esto hubiera sido posible sin la «domesticación» del océano Pacífico. Y sus domadores —¡qué bien entendió esto ese excelso alavés llamado Ramiro de Maeztu!— fueron tres eminentes vascongados de Guetaria, Zumárraga y Villafranca de Guipúzcoa.

Ahora que celebramos el V Centenario de América sería la gran oportunidad de historiar la aportación del

País Vasco y de sus hombres a esta gran epopeya española, sin olvidar la de la culturización. Mas esto requeriría un libro gordo —no un artículo flaco, como el mío—, del que este modesto trabajo sólo pretende ser el soplo de brisa que mueva la vela de tan noble empeño.

II. CORTÉS Y SUS ENVIDIOSOS

Para hablar de Hernán Cortés no pueden utilizarse los vocablos tímidos, equívocos, eufemísticos y patinadores. Se le puede ensalzar o denigrar, maldecir o aplaudir, pero en uno u otro caso, con palabras de gruesos quilates sin desdeñar la noble retórica, ni la necesaria exaltación. Porque decir de él que fue superior a Julio César y a Alejandro sería minimizarle. La obra de Alejandro fue sólo de conquista, no de culturización, y cuando éste murió, nada quedó de lo hecho, salvo el recuerdo de la fascinante epopeya. En cuanto a César, sin desdeñar su grandeza, sus conquistas, comparadas a las del extremeño, aparte de estar a la puerta de casa son como de uno a ciento.

Como soldado, como estratega, como diplomático y como escritor de sus propias hazañas, César es superado por Cortés. Y como culturizador, urbanista, estadista, agricultor, legislador, minero, creador de riqueza y aglutinador de razas y lenguas infinitas, la comparación se hace imposible. César usó sus ardides y artimañas en Roma, y sus conquistas entre sus vecinos, lusitanos, galaicos, galos y de la Britania meridional. Cortés, a miles de millas marítimas de su patria, en un ámbito desconocido, ante culturas incomprensibles, religiones que aún ponen espanto y costumbres fuera de toda órbita para el entendimiento de un hombre que nació en el Medioevo, estudió en Salamanca y murió en la Edad Moderna, de la que fue uno de los principales pilares de sustentación.

Sólo en una cosa es Cortés inferior a César: en pertenecer a un pueblo que no le gusta ensalzar, sino denigrar a sus mejores o, lo que es peor, dejarlo en el olvido: triste condición ésta que han heredado los pueblos con los que los españoles fundieron sus estirpes.

Todo es en Cortés «superior» a los grandes entre los grandes de todos los tiempos. Y lo que es mayor en él —triste es decirlo— es la diferencia que va entre la magnitud de su obra real y el encono, la saña, el menosprecio y la persecución que sufrió en vida por parte de los mezquinos, los pequeñitos, sañudos, comparsas de la Historia, que sólo han pasado a ella por la efímera gloria de haber pretendido hundir al más glorioso de sus compatriotas vivos.

Y esto que va referido a los españoles de ayer, es también aplicable a los mexicanos de hoy (con la sola excepción de los egregios); con lo que resulta que fue y es tanto más odiado por aquellos a quienes más favoreció. A los mexicanos les dio una patria. Lucas Alamán, José Vasconcelos, Carlos Pereira, Alfonso Reyes, Alfonso Junco, Francisco Fernández del Castillo, Octavio Paz, ilustres intelectuales mexicanos de ayer, antes de ayer y hoy, le consideran el padre de la nacionalidad mexicana. Lo que había antes era multitud de razas, tribus, culturas, unas sojuzgadas por el imperio azteca y otras no; y lo que legó Cortés, tras la pacificación, fue una inmensa unidad geográfica veinte o treinta veces más extensa que el reino de Moctezuma incorporada a la cultura grecolatina, que imprimía libros, acuñaba moneda, gozaba de colegios y Universidad, poblada por una comunidad mestiza en que se fundió la sangre de colonizados y colonizadores y que pocos años más tarde extendería su autoridad desde lo que hoy es la frontera sur de Costa Rica a lo que hoy es la frontera norte de California en la raya de Canadá, y que adoraba a un Dios que se ofreció como víctima para la salvación de los hombres, en lugar de la multitud de deidades que se alimentaban con la sangre de las víctimas humanas que exigían en su holocausto. Cuando un político, durante la campaña electoral del año 1985, en que se conmemoraba el V Centenario del nacimiento de Cortés, dijo que el mayor crimen de éste había sido privar a todo un pueblo de su cultura ancestral y sus tradiciones, pensé para mis adentros que el México actual es nación libre y soberana para decidir su destino, y que el tal político bien pudo proponer en su campaña electoral renunciar al habla del castellano y declarar el náhuatl idioma oficial; abolir la escritura en caracteres latinos y volver a los jeroglíficos mayas (porque los aztecas carecían de escritura), proscribir el trigo, la vid, la rueda, la aleación de metales; y volver a la práctica de arrancar en vivo los corazones de sus compatriotas para ofrecérselos al dios Huitzilopochtli, a cambio de una buena cosecha de maíz o una victoria electoral.

Esto es lo que dio Cortés a México, país en el que se le odia, a pesar de haber creado, y de ser él mismo, no el primer azteca, mas sí el primer mexicano. Y este odio del mexicano actual fue compartido por los españoles de su tiempo, incapaces, ayer como hoy, de ver volar un nombre hacia la fama sin intentar abatirle como se abate en su vuelo a una perdiz o una becada.

Tanto César como Alejandro extendieron sus conquistas en nombre propio; ellos eran los reyes o emperadores. Cortés —a pesar de ser su empresa radicalmente personal y debida a su solo genio— lo hizo en nombre del rey de España, y jamás pasó sobre su cabeza alzarse contra su señor natural, cosa que muy bien podría haber hecho si casara con la única hija legítima y reconocida por Moctezuma, cuyo nombre indígena era Ichcaxochitl, que en lengua indígena significa «Capullo Blanco» y de la que tuvo una hija reconocida, que se llamó doña Leonor Cortés y Moctezuma, legitimando así su conquista como lo hizo el visigodo Ataúlfo, vencedor de Roma, al casarse con Gala Placidia, hija del emperador Teodosio I, quien, si bien se piensa, fue la primera reina de España. (Una breve disquisición: «Capullo Blanco», casada en segundas nupcias con el hidalgo español Juan Cano de Saavedra, tuvo larga descendencia española, entre los que figuran los duques de Abrantes y los condes de La Enjarada.)

Las indignas auditorías de que fue víctima Cortés, por parte de la Administración española; los intolerables interrogatorios correspondientes al proceso que se le siguió por el supuesto asesinato de su primera esposa; el olvido en que se le tuvo en la guerra contra Orán, en la que estuvo presente —siendo como era el mayor estratega de su tiempo—, son muestras de la inquina que el español siempre ha tenido hacia los mejores. Por eso, frente a la enorme diversidad de aspectos que el tema «Cortés» podría sugerir —«La conquista de la Nueva España», «Cortés y los primeros misioneros franciscanos», «Las mujeres de Cortés, «Los bastardos de Cortés», «Cortés y la diplomacia», «Los lenguas de Cortés», «La descendencia española de Hernán Cortés» (entre quienes se cuenta quien esto firma), considero que no se puede eludir un tema como el que encabeza este comentario: «Cortés y sus envidiosos»—, que trataré de desarrollar, con más amplitud que aquí, páginas adelante.

Tres lacras inmundas hemos legado a las razas que comparten nuestra alcurnia. En el caso del héroe cuyo V Centenario natal celebramos hace una década, la ingratitud corresponde a los mexicanos de hoy, la envidia a los españoles de ayer y el olvido a unos y a otros. ¿Dónde hay en México, dónde en España —salvo en Medellín— una estatua con su efigie, un monumento que perpetúe el nombre y las hazañas de este héroe singularísimo? Él legó a México un territorio más extenso que los Estados Unidos de hoy, del que más de la mitad se apropiaron, tras la independencia, los propios Estados Unidos. Y una patria. Y una religión. Y un idioma. Y la adscripción a una cultura superior. Los demás españoles, junto a muchas y grandes cosas, les legamos también la envidia, la ingratitud y el olvido.

III. BREVE GAVILLA ANECDÓTICA DE HERNÁN CORTÉS

Anécdota primera

El carácter

He aquí una historia mínima del «pre héroe» Hernán Cortés; de un hombre que aún no merecía, ni de lejos, pasar a la Historia, con mayúscula, pero que revela determinadas cualidades del carácter de quien muy pronto levantaría el vuelo que va de los rastrojos a las estrellas, del anonimato a la gloria.

En el origen de la enemistad entre Hernán Cortés y Diego Velázquez, gobernador de Cuba, hubo un asunto de faldas. Hay que anticipar que Cortés, en su juventud, en su madurez y en su ancianidad, fue harto galán y mujeriego. Y como todos sus iguales, más amigo del cambio que del compromiso. Existe una obra titulada *Las mujeres de Cortés* en la que se contabilizan treinta y siete de ellas, con las que tuvo amores de cierta entidad por su duración, sin contar, ello es claro, con las innumerables aventuras esporádicas.

Es el caso que de España a Santo Domingo, y de Santo Domingo a Cuba, donde se hallaba Cortés, llegó una familia, compuesta por el padre, don Diego Suárez Pacheco (que murió en seguida), su esposa, doña María Marcayda, cuatro hijas casaderas de gran hermosura, y un varón llamado Juan, que hizo gran amistad con Hernán Cortés, compañeros de armas y de aventuras amorosas. Ambos alternaban el ejercicio de la espada (pues intervinieron en numerosas operaciones militares para la total pacificación de la isla), con el cultivo de la agricultura y ganadería, ya que, según Bartolomé de las Casas, fueron los primeros «que tuvieron hato y cabaña».

Con una de las hermanas de Juan Suárez Marcayda, llamada Catalina, tuvo amores Cortés bajo promesa de matrimonio. Y otra de ellas fue muy cortejada por el gobernador Diego Velázquez, aunque no existen pruebas de que llegase a ser su concubina.

A pesar de sus promesas, Cortés no acababa de cumplirlas, y se sentía harto remiso al matrimonio. La hermana galanteada por el gobernador recurrió a éste para que conminase a don Hernando a que se casase. Y, como el galán, con diferentes pretextos eludía el compromiso, fue mandado encarcelar por el que hubiese podido ser su cuñado. A los pocos días, huyó Cortés de la prisión y se refugió en una iglesia, de donde, a altas horas de la noche, para estirar las piernas, refrescarse del fuerte calor caribeño o buscar nuevas aventuras, salía a pasear. Los secuaces del gobernador tuvieron noticia de estas escapadas nocturnas, lo volvieron a apresar y, ante la inseguridad de la cárcel de la que tan fácilmente escapó, lo encerraron en una nave. De poco sirvió la estrecha vigilancia a la que estaba sometido porque, sin que nadie lo advirtiera, se lanzó al mar por un sitio inverosímil: el tubo de la bomba de achique. A nado llegó a tierra, y volvió a refugiarse en sagrado. Desde allí, por medio de un fraile, mandó un billete a su amigo Juan Suárez Marcayda rogándole que escondiese una lanza y una ballesta en cierto lugar en descampado. Y, al saber que el encargo había sido cumplimentado, recogió las armas y, sin otra compañía, se dirigió a casa del gobernador, al tiempo que éste salía de la misma. Velázquez se espantó creyendo que iba a matarle. Pero Cortés le tranquilizó manifestándole que únicamente le visitaba para saber por qué con tanta saña le perseguía, siendo su amigo. Se intercambiaron explicaciones, y Cortés se mostró tan cortés como exigía su nombre, y tan persuasivo y diplomático, que hicieron allí mismo las paces. Y, para sellar su amistad, durmieron aquella misma noche en una misma cama y, a la mañana siguiente, comulgaron con una misma hostia partida en dos, jurándose eterna amistad. Y, para sellarla definitivamente, Cortés casó con doña Catalina, y Diego Velázquez le encomendó una armada para proseguir los descubrimientos que en la península de Yucatán había iniciado Juan de Grijalva.

No viene al caso relatar aquí las vicisitudes de este matrimonio —del que hablaremos en otro lugar— ni de la inconstancia de Velázquez al retirar a Cortés el mando que le había concedido, sino de resaltar cuatro rasgos característicos de don Hernando: la tenacidad, al huir cuantas veces fue encerrado; la astucia, al descubrir un medio tan insólito para escapar de la nave; el arrojo, al presentarse solo ante el dueño de vidas y haciendas; las dotes de persuasión y diplomacia para captarse la amistad del mismo que le perseguía y, por último, la ductibilidad para ceder en aquello que, con razón, se le demandaba y que su honor le exigía: reparar con el matrimonio el de doña Catalina Suárez.

Si hubiese que destacar las cualidades más sobresalientes que desplegaría Cortés más adelante —al burlar a Diego Velázquez cuando éste le retiró el mando de la Armada; al pactar con el Cacique Gordo de Zempoala, convirtiendo al más feroz adversario, en el más fiel aliado; al incorporar a su exiguo ejército a doscientos mil tlaxcaltecas; al doblegar, sin sangre, la voluntad de Moctezuma; al vencer al ejército, diez veces superior al suyo, capitaneado por Pánfilo de Narváez, que Diego Velázquez mandó en su persecución; al incorporar a su mínima tropa de españoles el ejército que fue enviado contra él— hay que convenir, que ya en esta mínima anécdota de Cuba, las cualidades que destacaban en él eran la tenacidad, la astucia, el arrojo, la persecución, la diplomacia y la ductibilidad.

Segunda anécdota

Los lenguas

Cuando Cortés, al frente de su armada, llegó a la isla de Cozumel, frente a las costas de la península de Yucatán, que cierra por el sur el golfo de México, del mismo modo que la de Florida lo cierra por el norte, se sorprendió al oír decir a los naturales, señalando a tierra firme: «¡Castilian, castilian!» Entendió —y entendió bien— que lo que querían indicarle los mayas de aquella isla es que en la costa fronteriza habitaban algunos españoles. Ni Bernal Díaz del Castillo ni ninguno de sus otros compañeros que habían participado en las dos expediciones que bojearon aquellas tierras con anterioridad tenían noticia de que se hubiesen perdido compatriotas suyos; no obstante, don Hernando Cortés mandó aparejar un navío en el que iban don Diego de Ordaz como capitán, veinte ballesteros y escopeteros, multitud de regalos que sirvieron de rescate, unos indios correos que conocían la tierra, y una carta. Según Bernal Díaz, éste era el texto: «Señores y hermanos: Aquí, en Cozumel, he sabido que estáis en poder de un cacique, detenidos, y os pido por merced que luego os vengáis aquí, que para ello envío un navío con soldados por si los hobiesedes menester, y rescate para dar a esos indios con quien estáis, y lleva el navío de plazo ocho días para aguardar; veníos con toda brevedad; de mí seréis bien mirados e aprovechados; yo quedo en esta isla con quinientos soldados y once navíos; en ellos voy mediante Dios, la vía de un pueblo que se dice Tabasco o Pochontán.»

Pasados los ocho días regresó Diego de Ordaz, sin los indios correos y, por supuesto, sin los «castilians». Si grandísimo fue el enojo de Cortés, ¿qué diremos de uno de los españoles llamado Jerónimo de Aguilar, natural de Écija, cuando al llegar a la costa, puesto ya en libertad por el cacique que le tenía esclavo desde hacía once años, vio que los navíos habían zarpado sin él? ¿Cabe desventura mayor? Este Jerónimo de Aguilar (protagonista de una novela histórica que he titulado *El futuro fue ayer*) se había retrasado para tratar de convencer a otro español llamado Gonzalo Guerrero, único superviviente que quedaba del antiguo naufragio, que se viniese con él aprovechando la venturosa ocasión de que el señor Cortés los rescataba. Y Jerónimo, por su culpa, perdió la gran oportunidad. Ni el navío de Diego de Ordaz estaba ya en las costas de Yucatán, ni la armada de Cortés en la isla frontera de Cozumel.

Dios aprieta pero no ahoga. Fueron tantas las lágrimas y los rezos del ecijano, que Dios hizo el milagro —así lo creyó de por vida el tal Aguilar— de que uno de los galeones de la armada cortesiana comenzó a hundirse y pedir auxilio a los demás navíos con tiros de lombarda. Con este motivo toda la flota regresó a Cozumel, y el bravo Jerónimo de Aguilar, sobornando con promesas —pues otra cosa no tenía— a unos remeros mayas, cruzó el canal en una canoa y se presentó a los españoles. Como iba vestido de indio y había olvidado su lengua natal, nadie creía que fuera de los «castilians» que habían mandado a rescatar. Entonces, el ex náufrago, el ex esclavo, gritó a todo pulmón y como quien cita las tres mayores excelencias del mundo, la única frase que recordaba en español, y que no podrá menos que hacer reír a los andaluces: «¡Dios y Santa María e Sevilla!» Y así se dio a conocer.

Los españoles de los siglos XV y XVI llamaban «lenguas», «los lenguas», en masculino, a los intérpretes. Y Jerónimo de Aguilar, que hablaba el maya, fue el primer traductor oral de cuanto Cortés quería decir a los indígenas. Pero andando los días, ya en el golfo de México, dejó de ser útil, porque los naturales no hablaban el maya, sino otros dialectos distintos. Hasta que un venturoso día, y después de unas ingratas escaramuzas, los costeños hicieron las paces y honraron a Cortés con múltiples obsequios para congraciarse con él. Pero «no fue nada todo este presente —escribe Bernal Díaz— en comparación de veinte mujeres, y entre ellas una muy excelente que se dijo doña Marina, que ansí se llamó después de vuelta cristiana». La admiración del cronista no deja lugar a dudas. En una ocasión la llama «india e señora»: en otra, dice de ella que «verdaderamente era gran cacica e hija de grandes caciques y señora de vasallos, y bien se le parecía en su persona». Entre las grandes virtudes de la Malinche o doña Marina se contaba la de hablar múltiples y variados idiomas: entre otros, el maya. De suerte que Cortés hablaba en castellano, Aguilar lo traducía al maya, doña Marina del maya al náhuatl o idioma de los aztecas. Y así se inició un diálogo que habría de durar siglos. Jerónimo de Aguilar y la Malinche fueron «los» primeros lenguas de Hernán Cortés.

TERCERA ANÉCDOTA

La venganza de Velázquez

Tuvo muy buen cuidado Hernán Cortés de que no pasase mucho tiempo sin mandar a España a sus procuradores cargados de oro para el rey y de joyas labradas y de cosas de mucho valor, así como una primera relación escrita, en la que daba cuenta al monarca de cómo había conquistado la tierra, e instalado su real en la capital del Imperio, y sometido a vasallaje al gran Moctezuma, quien de buen grado y sin sangre se había hecho tributario de su majestad. Y se mostró muy sagaz y prudente al enviar la relación por duplicado y al encargar esta embajada a dos hombres de mucho entendimiento como don Alonso Hernández Puerto Carrero y Francisco de Montejo, quienes al saber que el emperador estaba en Flandes (y que el presidente del Consejo de Indias, y obispo de Burgos, Juan Fonseca, era adverso a Cortés) mandaron una de las copias y parte de los regalos directamente a la Corte; de lo que Carlos V se alegró sobremanera, porque las noticias que contenían no le habían sido comunicadas por el obispo de Burgos, quien se quedó con parte del oro destinado al soberano, lo que supuso su destitución dos años más tarde.

La noticia de estos regalos y del oro en barras o pepitas, en cantidades muy superiores a lo que nunca antes de ahora había sido enviado, corrió como la pólvora, y muy pronto se enteraron de ello los padres jerónimos que ejercían en Santo Domingo La Real Audiencia; los cuales entendieron que si Cortés enviaba estos presentes a su majestad no podía ser cierto —como afirmaba en Cuba Diego Velázquez— que se hubiese alzado contra el rey, y que era un traidor que debía ser ahorcado en la plaza pública, así como todos los capitanes que le eran fieles.

Con el tributo al rey, Cortés se ganó el favor de la audiencia. Y cuando los padres jerónimos supieron que el gobernador de Cuba aprestaba una Armada para ir contra Cortés que ya había, casi sin sangre, sometido el imperio de Moctezuma, se llevaron las manos a la cabeza y le mandaron emisarios para impedírselo. Y como vieron que Diego Velázquez no cejaba, y que una lucha entre españoles en aquel imperio podría suponer la pérdida de la tierra, designaron oidor del rey a un tal Lucas Vázquez de Ayllón con la orden de que embarcara en la dicha armada y evitase, por todos los medios, que Pánfilo Narváez, designado capitán de la misma por el gobernador de Cuba, se enfrentase con Cortés y echase a perder todo lo que aquél había ganado.

Maravilla pensar el caudal de astucia, arrojo, diplomacia, dotes de persuasión —que ya vimos en el primer capitulillo de este anecdotario que eran las más relevantes cualidades de Cortés— y que éste desplegó de manera sobresaliente durante el episodio de su vida que pasamos a relatar y que, sin duda, fue el más comprometido y difícil de todos; porque, por un lado, temía que se le alzase el imperio de Moctezuma, y por otro, era forzoso enfrentarse —si no quería perder todo lo ganado— a un ejército, no de indios, sino de españoles veteranos de las guerras de Italia y Flandes, y tan superior al suyo, como se indica en el párrafo que sigue.

Sabemos exactamente los efectivos de Cortés porque en Cozumel hizo «alarde», es decir, recuento de todas sus fuerzas. Y éstas eran 508 hombres (Narváez trajo 1 400), de los cuales, 32 ballesteros (frente a 90 de Narváez); 13 escopeteros (Narváez traía 70); 10 tiros de bronce (Narváez, 20); 16 caballos (90 fueron los que desembarcó Narváez); amén de 19 navíos que traía la armada de Diego Velázquez, frente a ninguno del extremeño que meses atrás los mandó desguazar.

Era, a la sazón, alcalde de la rica villa de Veracruz, Gonzalo de Sandoval ante el que se presentaron seis hombres de Narváez conminándole a que entregase la plaza, con palabras de mucho «desconocimiento». Sandoval respondió que tratasen eso con Cortés que se hallaba en la ciudad lacustre de Tenochtitlán, en la corte del emperdor Moctezuma; como ellos, le respondieron que Cortés era tan bellaco como traidor, Sandoval no pudiéndolo sufrir, los hizo prisioneros y se los envió a Cortés empaquetados en unas hamacas de redes que unos indios amigos cargaron a sus espaldas y, turnándose, al cabo de pocos días, llegaron a la capital. Los hombres de Narváez no salían de su asombro al ver las riquezas y ciudades que hallaban a su paso. Dice Bernal Díaz que no sabían si era encantamiento o sueño. Quedaron espantados al divisar la ciudad lacustre, llena de palacios, templos, plazas y no podían creer que todo aquello lo hubiese conquistado Cortés al frente de un puñado de hombres. Pero más maravillados quedaron aún cuando vieron que el propio Cortés les salía a recibir y mandaba a los indios que los liberasen, y se dolía de que Sandoval hubiese tomado una determinación tan ruda para tan honrados y gentiles caballeros, y los alojó en palacios, y los invitó a comer, y los paseó por la ciudad, y les regaló cadenas y dijes de purísimo oro. Cuatro días estuvieron con él, prisioneros sin saberlo, y qué no les diría, y cómo los trataría, que los mismos que días antes le apodaban traidor y bellaco, cuando los soltó fueron los más ardientes defensores de aquél a quien habían ido a prender y ahorcar. Díaz del Castillo, testigo de toda esta historia y puntualísimo relator de la misma, concreta: «Venían muy bravosos leones, volvieron muy mansos y se le ofrecieron (a Cortés) por servidores, y ansí llegaron a dar relación a su capitán, comenzaron a convocar todo el real de Narváez que se pasasen a nosotros.»

Los nuevos amigos de Cortés no regresaron con las manos vacías, sino con múltiples y delicados regalos para ellos mismos y para personas muy bien seleccionadas dentro del ejército enemigo. Y cartas, muchas cartas. Y como dádivas quebrantan penas, y las buenas razones borran los malos entendidos, la duda y el desconcierto comenzó a roer la unidad de los contrarios. Entre las cartas que escribió había una para Lucas Vázquez Ayllón, el oidor, enviado por los jerónimos; otra para el secretario de Diego Velázquez, que era camarada de juventud, otra, en fin, para el propio Pánfilo Narváez, al que le decía que mirase que no alborotase la tierra, que era mucho lo que en ello le iba a su majestad, y que él (Cortés) ponía a su disposición su vida y hacienda; pero que le rogaba le mostrase sus papeles, la orden o autorización para poblar aquella tierra, los poderes de que estaba investido.

Narváez cometió muchos errores: el uno, leer en plan de chanza la carta en cuestión. Y si bien un tal Salvatierra juró cortar a don Hernando las orejas, asarlas y comerse una de ellas, no todos pensaban lo mismo, porque admiraban la hazaña que había realizado, en tan poco tiempo y con tan pocos medios, atendían a sus muy bien concertadas razones, se sentían tentados por las promesas de inmensas riquezas que el remitente deslizaba sabiamente en sus misivas y entendían que, de producirse un choque entre españoles, todo aquello se perdería. El otro, y más grande error, fue poner presos a dos caballeros que hablaron bien de Cortés: uno, nada menos que al oidor real, enviado por la Audiencia de Santo Domingo; otro, don Gonzalo de Oblanca, persona de la nobleza, y que de enojo murió a los cuatro días. Perfectamente informado de cuanto acontecía en el real de Narváez, por sus velas (espías) y por su propia «quinta columna», Cortés aprovechó a fondo los errores de su adversario, fomentando su desprestigio y acrecentando el suyo propio con dádivas, cortesías, y emisarios. Seis hombres de su ejército se refugiaron en Veracruz y le dijeron a Sandoval que no querían luchar al lado de un hombre que había preso a un oidor del rey; y mandaron emisarios a Cortés diciendo que se cuidase porque Narváez había dejado la costa y se había instalado en Cempoala, muy cerca ya de la capital del Imperio. Cortés tomó consejo de sus capitanes, y sabiendo que el llamado Cacique Gordo de esta ciudad era amigo suyo, y que Narváez le había robado seis mujeres, decidió atacar sin más a su enemigo. Dejó a Pedro de Alvarado en México a la guarda de Moctezuma, quedando allá todos aquellos soldados que pudiesen ser sospechosos de connivencia con Diego Velázquez o Pánfilo de Narváez y tomó, entre otras muchas disposiciones, que sería muy largo de contar, las siguientes: convocar a Gonzalo de Sandoval para que subiese desde Veracruz con toda su gente, aunque dejase desamparada la ciudad; fabricar unas picas especiales de su invención contra caballos, reunir gran cantidad de maíz y otros granos para caso de que la guerra fuese larga y enviar a un frailes de la merced cargado de oro y de cartas al campamento de su enemigo para que se entrevistase secretamente con los artilleros y capitanes que se decían amigos suyos.

Ni el grano fue necesario, ni la ayuda de Sandoval. La artillería, sabiamente comprada, no disparó contra él o disparó desviando el tiro; la mitad del ejército que enviaron contra él se pasó a su bando; Pánfilo de Narváez fue herido en un ojo e hicieron creer que había muerto; la caballería no pudo ser utilizada porque estaba guardada en un pasto y lo primero que hizo Cortés fue interceptar el paso entre caballos y caballeros. Pocas horas después los propios músicos del ejército de don Pánfilo comenzaron a tocar los atabales y a tañer los pifanos y a percutir los tamborinos, gritando: «¡Viva, viva la gloria de los romanos, que siendo tan pocos han vencido a Narváez y a sus soldados!» No nos extendamos más. Sumados los dos ejércitos, Cortés cuadruplicó sus efectivos que tan necesarios le serían muy pronto porque Tenochtitlán se sublevó. Moctezuma fue muerto por sus súbditos, y la Noche Triste estaba al alcance de los días.

Al verse prisionero, Pánfilo le dijo a don Hernando: «Señor capitán Cortés: tened en mucho esta victoria que de mí habéis habido y en tener presa a mi persona.» A lo que Cortés respondió: «Ésta es, señor capitán Narváez, una de las menores cosas que he hecho en la Nueva España.» Y algunos dicen que el uso que los españoles damos a la palabra «pánfilo», que de acuerdo con su etimología latina sólo significa bondadoso —pero que nosotros empleamos como sinónimo de bobo, idiota o excesivamente lento, tardo, o poco avisado— nació en aquella memorable ocasión.

Cuarta anécdota

¿Cortés uxoricida?

Los lectores de la primera espiga de esta gavilla de anécdotas recordarán a aquella joven casadera, Catalina Suárez Marcayda, a quien Cortés prometió matrimonio, estuvo harto remiso de llevarla al altar, y, a la postre, aceptó recibir junto a ella las bendiciones nupciales *in facie eclesiae*. Sus relaciones con ella serían de opereta si no acabasen en drama. Y drama por todo lo alto.

Hernán Cortés la abandonó en el tálamo, como quien dice, tálamo ya estrenado, y se engolfó en los avatares de su portentosa aventura mexicana. Primero hizo el prodigio de convertir a sus primeros y feroces enemigos, el Cacique Gordo de Zempoala y los tlaxcaltecas en sus más fieles y decisivos aliados; después penetró en la admirable Tenochtitlán, capital del imperio de los aztecas, y se hizo amigo del gran Moctezuma, quien acabó muriendo a manos de los suyos por defender su causa; posteriormente desbarató, como acabamos de ver, el poderoso ejército de españoles que mandó contra él su antiguo amigo Diego Velázquez; más adelante —y a causa de esta guerra civil entre españoles: éste fue el gran crimen histórico del gobernador de Cuba y de su adlátere Pánfilo de Narváez— los aztecas se alzaron contra él y se inició una terrible guerra que hubiese podido ser evitada, en que los naturales rayaron a una altura inimaginable de heroico, y Cortés en el más alto grado de estrategia militar, al construir una flota para tomar la ciudad lacustre por y desde el agua.

Pasa el tiempo y, pacificada ya gran parte de la Nueva España, y viviendo todavía en la villa de Coyoacán, al borde del lago, recibe Cortés la noticia de que su mujer, su suegra —doña María Marcayda: no olvidemos su nombre—, y su cuñado Juan Suárez (que fue su mejor amigo en los tiempos juveniles) se están acercando a la ciudad, acompañados de otro bravo capitán de los tiempos heroicos: Gonzalo de Sandoval, quien, estando en la conquista de lo que hoy es el estado de Veracruz, abandonó sus tareas militares por la cortesía y bien crianza, y dejando aquéllas en manos de su teniente, se avino galantemente a acompañar a la comitiva hasta este barrio de hoy, que entonces era la capital de Nueva España, y de paso dar aviso a Cortés de quienes llegaban... No fuesen a encontrarle en situación embarazosa, porque, como dijimos en otro lugar, el curtido guerrero era, ademas, muy blando y dúctil de corazón.

El capitán general y gobernador de la Nueva España salió a caballo hasta Texcoco para recibir a su familia política acompañado de músicos y caballeros, quienes hicieron grandes fiestas, tal como lo relata Bernal Díaz. Es de advertir que el Cortés que salió de la isla de Cuba no era más que un hidalgüelo de buenas dotes y de buen talle; pero el hombre al que se encontraban ahora la esposa, suegra y cuñados (y a cuya sombra y a cuya costa pensaban vivir) era el hombre más poderoso de esa tierra, aureolado de una fama singular, respetado y temido por los naturales, adorado por quienes colaboraron con él en la singular aventura, recelado por quienes no le fueron leales, buscado por unos y otros, amigos y enemigos, como dispensador de favores, fuente de poder, señor absoluto, reflejo del rey.

Es lícito pensar, puesto que los héroes son héroes en tanto que humanos, que a don Hernando no podría menos de halagarle mostrarse ante los suyos como lo que en realidad era: el número uno, el más grande entre los grandes, el favorecido por la fama, el que impartía justicia. Y que esta lícita vanagloria ante los suyos era a su vez incompatible con ninguna suerte de chanzas o insolencias que enturbiaran su autoridad.

Mas he aquí que su familia política no llegaba a la Nueva España como los desterrados que van al encuentro del héroe, sino como una legítima familia real que va a encontrarse con un príncipe consorte. ¿Tal vez porque Cortés era en Cuba menos que ellos? Son matices muy difíciles de calibrar a distancia, pero lo que es indubitable es que ni en el plano económico ni en el social Cortés era en México, en ese instante, inferior a nadie, aunque recibiese la visita del mismísimo rey.

Los servidores e incluso los capitanes de Cortés se hacían lenguas del menosprecio con el que doña Catalina Suárez trataba a don Hernando en público (como si con esto se ensalzara) y a sus capitanes, pues se dirigía a ellos como si fuesen sirvientes o esclavos. El día de Todos los Santos de 1522 hubo fiesta en casa del capitán general con varios caballeros y damas, y se danzó. La alegría del festejo se empañó por una agria discusión entre doña Catalina y un capitán de artillería llamado Solís Casquete a cuenta de unas órdenes que ella dio y no se habían cumplido. Don Hernando Cortés suavizó la acritud de las palabras que se cruzaron con una chanza de la que todos rieron, lo cual irritó tanto a doña Catalina Suárez que a poco de levantarse los manteles se encerró en su dormitorio sin despedirse de sus invitados. Concluida la fiesta, por retirarse damas y caballeros tal vez antes de tiempo, encerrado también Cortés en su recámara, a medianoche llamó a gritos a sus servidores pidiendo que avisasen a un médico porque su esposa se hallaba gravemente enferma. Cuando éstos acudieron, comprobaron que doña Catalina estaba muerta.

Ésta es la escueta historia de los hechos, tratada y maltratada por infinidad de cronistas y comentarios. Quien mejor trata este episodio, iluminando con deslumbrante lógica lo que ocurrió después, es el eminente historiador mexicano de la primera mitad del siglo que corre, don Francisco Fernández del Castillo.

El carácter desabrido de la primera esposa de Cortés, las constantes humillaciones de que le hacía objeto, el conocimiento de que nunca quiso casarse con ella, sino que fue obligado por el gobernador de Cuba, Diego Velázquez, dio pábulo a que corriesen malévolos rumores y se llegase a pensar que el propio Cortés, en un acceso de cólera, la estrangulase con sus trenzas. Se cuenta que un fraile cuyo nombre no ha llegado hasta nosotros (o al menos hasta mí) antes del entierro, le dijo a Cortés: «Cata que dice toda la ciudad que vos mataste a vuestra mujer; por amor de Dios que se mire y desclave este ataúd para que se manifieste no ser verdad todo lo que el pueblo dice, y todos se satisfagan por lo que toca a vuestra honra, porque de otra manera todo el mundo creerá que mataste a vuestra mujer.» A lo que el conquistador, enojadísimo, respondió: «Quien tal diga vaya para bellaco, porque no tengo que dar cuentas a nadie.»

Estas palabras que dijo pensando que era menoscabar su prestigio dar oídos a una calumnia tan burda fue muy hábilmente manejada por sus enemigos cuando, siete años después, se le abrió proceso acusándole de asesinato, a instancias de don Juan Suárez y de doña María Marcayda, hermano y madre de la muerta, respectivamente.

Los argumentos en defensa de Cortés que esgrime el historiador mexicano Fernández del Castillo, son:

1.º Que la acusación tardó siete años en producirse.

2.º Que tuvo lugar en tiempos de la primera Audiencia, empeñada, fuese como fuese, en acabar con el predominio de Hernán Cortés y convencieron a la familia política de éste de las inmensas ventajas que obtendrían quedándose con la enorme fortuna de don Hernando.

3.º Que el primer arzobispo de México, el benemérito fray Juan de Zumárraga, escribió secretamente a Carlos V (carta que se conserva) denunciando las maniobras enconadas e inciviles que se estaban desarrollando injustísimamente en contra del creador de la Nueva España.

4.º En que uno de los testigos, probablemente pagado, llegó a decir que había visto el cadáver de doña Catalina con la cabeza envuelta en un *maxtla*. Esta palabra equivale a lo que los mayas llamaban un *ex*, es decir, los taparrabos que usaban los indios. Lo cual es inverosímil de toda inverosimilitud, porque, aun cuando don Hernando estuviese disgustado con ella, por decoro, por respeto a sí mismo no hubiera hecho esto jamás.

5.º El biógrafo de fray Juan de Zumárraga, J. García Icazbalceta, escribió en su tiempo, y Fernández del Castillo reproduce hoy esta frase: «No se le puede dar mucha fe a un proceso formado por el encono, guiado por la mala fe y sostenido por el temor o por declaraciones interesadas de enemigos declarados o de ruines sobornados.» (A quienes hayan leído el capitulillo anterior les interesará saber que muchos de los que declararon en contra de Cortés eran pertenecientes al ejército de Pánfilo de Narváez, a quien don Hernando desbarató del modo tan espectacular y humillante como queda relatado.)

6.º Las dos hermanas de doña Catalina, doña Leonor y doña Francisca, murieron repentinamente igual que la presuntamente asesinada.

7.º Un cronista de la época, llamado Suárez, escribió: «Fue maldad gravísima levantada por malos hombres, los cuales creo y tengo por muy cierto que lo han pagado o pagan en el otro mundo.» El gran acierto del historiador mexicano tantas veces citado es haber demostrado que el tal Suárez era nada menos que el hijo de don Juan, y por lo tanto nieto de doña María Marcayda, abochornado por quienes habían inducido a su padre y abuela a levantar tales infundios contra Hernán Cortés.

Nadie se extrañe, por tanto, que haya antecedido este brevísimo anecdotario con un prólogo titulado «Cortés y sus envidiosos». Sin que este vicio nacional sea nunca disculpable, sí es explicable en vida, puesto que aceptamos, aunque condenándola, la existencia de la envidia. Lo que no es lícito es el mantenimiento del olvido respecto a uno de los más grandes hombres que ha producido, no digo la historia de España, no digo la historia de México, no digo la historia de América, sino simplemente la Historia.

IV. DE NUEVO LOS MAYAS

Yucatán, tierra de mayas y de jungla, en cuyas espesuras se esconde el ciervo, se encama el puerco salvaje y se guarece el jaguar. Por las ramas de sus caobas y jacarandas o del árbol del chicle (de donde se extrae esa elástica menudencia del mismo nombre), bandadas de monos hacen sus circenses equilibrios ante el ojo impasible del pájaro-tucán y el alboroto de unos papagayos que llevan toda la fantasía del arcoiris en su plumaje.

Tan feraz es la selva, y tan poco amiga de ser hollada, que ya está invadiendo la espléndida carretera que mira al Caribe y que se construyó hace apenas tres lustros para atraer al turismo y dar salida a la producción. El laurel salvaje de la India, con flores en vez de hojas (flores carnosas como tulipanes y escarlatas como solideos episcopales), ya intenta perforar el asfalto con sus raíces. Y, miríadas de campanillas malvas y azules se extienden sobre las zarzas, yucas y palmitos que invaden los bordes de la vía para así recuperar el espacio que la civilización les hurtó.

Si nos abrimos camino a hachazos o cortes de espada por esta maraña vegetal, como hicieron hace cinco siglos nuestros barbados antecesores, podremos vislumbrar el codiciado ocelote, con cuya piel aleopardada cubrían sus torsos los sacerdotes mayas y cubren hoy sus sedas las damas elegantes de Nueva York o París; podremos reconocer la iguana, reptil contemporáneo del diplodocus, o escuchar el silbo de la serpiente cascabel, confidente y tentadora que fue de Eva, nuestra madre. Pero también (y esto acaece con frecuencia desde que en México surgió venturosamente la fiebre arqueológica) podremos descubrir ciudades enteras, ahogadas por la maleza, y que un día incógnito, por causas que se desconocen, los mayas abandonaron.

Los mayas. He aquí a los más misteriosos de los seres. Misteriosos por su origen, misteriosos por la rara civilización que supieron desarrollar, misteriosos por la refinada crueldad de sus dioses, misteriosos por la tradición de un hombre blanco, sabio, santo y barbudo que, en tiempos pretéritos, les vino a visitar —al que endiosaron con el nombre de Kukulcán o de Quetzalcóatl— y al que más tarde expulsaron de su tierra, misteriosos por sus monumentos, cuyo estuco estaba hecho con miel, cal, arena y clara de huevos, donde no hay piedra que no encierre una alegoría ni relieve que no esconda un símbolo; edificios que hablan a quienes entiendan su antiguo mensaje, como los jeroglíficos; misteriosos por el sistemático abandono de unas ciudades prodigiosas, ahora cubiertas por la lujuriante vegetación tropical, y en cuyos altares y habitáculos hoy sólo anidan la tarántula, el ofidio y el escorpión.

En la primera escaramuza que tuvieron los españoles con los indios de Yucatán hicieron dos prisioneros, eran dos jóvenes mayas a los que bautizaron con los nombres de Julián y Melchor. Les sorprendió mucho que ambos, según palabras de Bernal Díaz del Castillo, tuviesen «trastabados los ojos», es decir, que miraban sesgado, de través: eran bizcos. Lo que ignoraban los españoles es que su estrabismo no era casual, sino provocado. Eran bisojos no por un defecto físico, sino por voluntad de sus padres, quienes desde la más tierna infancia de las criaturas les ponían un pendulito junto a la nariz para que, de tanto mirar sus oscilaciones, se les extraviaran las miradas.

¿No deforman nuestras mujeres de hoy el color de sus uñas y la forma de sus cejas? ¿No deformaban su rostro las cortesanas de María Antonieta, empolvándose para parecer tísicas y empelucándose de blanco para parecer viejas? ¿No han deformado los petimetres y lechuguinos de todos los tiempos la pilosidad natural de su rostro, bien rasurándose totalmente la barba o dibujando con anacrónicos recortes geométricos sus mostachos y su perilla? Los mayas también se deformaban por razones puramente estéticas. Y lo hacían en los ojos, provocando el estrabismo: en las orejas, colgando de ellas grandes aros de piedra para que los lóbulos crecieran desmesuradamente; en el cráneo, colocando armaduras de madera en la cabeza del recién nacido, para que aquél se desarrollara en forma de chimenea; y en los dientes, que perforaban para introducir en la parte traspasada unas joyitas de verde jade o negra obsidiana con forma de rombos o estrellitas diminutas. Un hombre bisojo, provisto de una descomunal caja craneana del tamaño y casi la forma de un sombrero de copa, inmensas orejas y dientes enjoyados, era para ellos el primor de la elegancia, el no hay más allá de la distinción. Salvados por los arqueólogos han quedado centenares de rostros, esculpidos por los artistas de la época, que han dejado a la posteridad el testimonio fehaciente de los gustos estéticos de los mayas y una riquísima iconografía de los barbilindos de su época.

Pasmados debieron de quedar los españoles Diego de Landa y Francisco de Montejo cuando descubrieron en la espesura la ciudad abandonada de Chichén Itzá, con sus más de cuatrocientos edificios sagrados, su inmensa pirámide cuadrangular, a la que denominaron «el castillo» —nombre que aún prevalece—, su estadio para el juego de pelota, en el que el capitán del equipo triunfante recibía el dulce honor de ser decapitado; su observatorio astronómico, en el que no se miraba al cielo, sino al suelo, ya que los cuerpos celestes se reflejaban en el negrísimo espejo de un piso de obsidiana pulida; su cenote sagrado, un pozo natural de setenta y cuatro metros de diámetro y veinticuatro de altura, donde las jóvenes más bellas de la nobleza, revestidas de joyas, embriagadas con un licor alucinógeno hecho de corteza de árbol destilada, y pintadas de azul, eran despeñadas para saciar la lujuria de sus dioses. Muchas de las diademas, dijes, aretes y medallones mayas que hoy se conservan en los museos han sido extraídos de este cenote sagrado que durante siglos se ha conservado como una gran joyería sumergida.

Lo que no alcanzaron a descubrir Landa y Montejo es que la gran pirámide cuadrangular era un prodigioso, gigantesco, exactísimo calendario. Hoy sabemos que el año maya constaba de dieciocho meses regulares de veinte días cada uno, más un pequeño mes de cinco días: es decir, los trescientos sesenta y cinco —idéntico al gregoriano— que tarda la Tierra en girar en torno al Sol. Su siglo era de cincuenta y dos años: una generación, cumplida la cual se destruían los monumentos para volverlos a erigir o los abandonaban y emigraban para construirlos en otros lugares. La pirámide quebrada tiene cuatro lados, nueve plataformas superpuestas cortadas por cuatro escalinatas de noventa y un peldaños cada una, cinco dólmenes y un templete en la más alta de las mesetas, al que se accede por un escalón suplementario. Sumados los peldaños nos dan el número de días del año: trescientos sesenta y cinco. Como las nueve plataformas o mesetas están separadas en cada cara por las susodichas escaleras, hay dieciocho por lado, lo que equivale al número de meses, que multiplicados por las cuatro caras de la pirámide nos da el número de años del siglo maya: cicuenta y dos. A su vez, los cinco dólmenes multiplicados por los cuatro lados dan los veinte días de cada mes; y estos veinte días, multiplicados por las dieciocho plataformas, los trescientos sesenta y cinco días de los años regulares, a los que hay que sumar los cinco dólmenes (que representan el pequeño mes) para que resulten de nuevo los trescientos sesenta y cinco días de cada órbita en torno al Sol.

No acaban aquí los prodigios. El 21 de marzo y el 21 de septiembre —y sólo en estos días del año y no en otros—, cuando el Sol corta el Ecuador celeste y pasa del hemisferio Austral al Boreal, marcando, respectivamente, el inicio de la primavera y del otoño, un juego de luces y sombras comienza a proyectar sobre la pirámide una inmensa serpiente de más de treinta y cuatro metros: símbolo de la fertilidad. Esto no ocurre más, repito, que en los días equinocciales en que la duración del día y de la noche es idéntica —cualquiera que sea su latitud— en todos los puntos de la Tierra. Parece un juego de magia. Y lo es, ya que magos eran tan insólitos astrónomos y arquitectos.

Estos mayas que inventaron el «antinúmero», es decir, el signo «cero», ese grafismo que multiplica automáticamente como un contador electrónico; que conocían la órbita de Venus, que edificaban como los babilonios de Asurbanipal y esculpían como los griegos..., ¿de dónde vinieron? Su prodigiosa civilización y su religión perversa, ¿fueron autóctonas o importadas? ¿Pudiera darse el caso de una cultura foránea aplicada sobre una raza aborigen? En este caso, ¿quién era aquel hombre blanco y barbudo —anterior, en muchos siglos, a los españoles— cuya historia aparece esculpida sobre piedra en una de las paredes de Chichén Itzá?

El enigma de los mayas es uno de los más fascinantes de América y del mundo.

V. LA «BIBLIA MAYA» Y EL *POPOL VUH* CRISTIANO

Maravillado y estremecido, acabo de leer en México el *Popol Vuh*, el libro sagrado por excelencia de los mayas, que un individuo de esta raza singularísima, manuscribió en Guatemala, durante los primeros años de la conquista española, en el que recogía antiquísimas tradiciones de los hombres de su estirpe. La transcripción está escrita en lengua quiché, pero con caracteres latinos; motivo por el cual el sabio dominico español del siglo XVIII fray Francisco Ximénez, cura párroco a la sazón de Santo Tomás Chuilá (hoy Chichicastenango), pudo traducirlo al castellano, porque, en aquel tiempo —al igual que hoy— los jeroglíficos mayas permanecían en el arcano de lo indescifrado. Pero no indescifrable. ¡Gran vergüenza ésta para los investigadores!

El primer capítulo de esta obra prodigiosa equivale a un Génesis y guarda tal similitud con el que abre el Antiguo Testamento de la Biblia —libro, a su vez, sagrado de judíos y cristianos, y posteriormente profético para los islámicos—, que no puede leerse sin sentirse uno arrebatado por el pasmo que producen los misterios insondables enraizados con los orígenes mismos del hombre y de sus primitivas culturas.

Se habla en esta «Biblia maya» de tres personas celestes que, siendo cada una de ellas un dios, entre todas juntas son un solo dios. «El primero se llama Caculhá-Huracán; el segundo, Chipi-Caculhá. El tercero es Raxa-Caculhá. Y estos tres son el Corazón del Cielo.» Es decir, la Trinidad de los cristianos que (en la versión maya) se ponen de acuerdo para provocar la creación. «Ésta es la relación —dice el *Popol Vuh*— de cómo todo estaba en suspenso, todo en calma, en silencio; todo inmóvil, callado y vacía la extensión del cielo.» «No había nada que estuviese en pie; sólo el agua en reposo, el mar apacible, solo y tranquilo. Únicamente había inmovilidad y silencio en la oscuridad de la noche. Existía sólo el cielo y el Corazón del Cielo, que éste es el nombre de Dios, y así es como se llama. Llegó aquí entonces la Palabra...»

Prefiero ser o parecer insolente a ser oscuro. De aquí que requiera la atención de mis lectores a que reflexionen sobre lo último citado: «¡...Llegó entonces la Palabra!» Comparemos ahora lo citado en el *Popol Vuh* con el comienzo del Evangelio de san Juan: «En el principio existía la Palabra. Y la palabra estaba con Dios. Y la Palabra era Dios. Todo se hizo por ella y sin ella no se hizo nada de cuanto existe.» O bien, con las primeras del Génesis: «La Tierra era caos y confusión y oscuridad por encima del abismo, y un viento de Dios aleteaba por encima de las aguas.»

La voz «aguas» es metáfora que resulta tan difícil de entender en el Génesis bíblico como en el texto maya. En el *Popol Vuh*, los tres dioses (que eran sólo uno) exclaman de súbito: «¡Que se llene el vacío! ¡Que surja la tierra y se afirme!»

Y en el Génesis dijo Dios: «Haya un firmamento por en medio de las aguas que las aparte unas de otras. E hizo Dios el firmamento y apartó las aguas de por debajo del firmamento, de las aguas de por encima del firmamento.»

En el *Popol Vuh*, los dioses comienzan por discutir «cómo se hará para que aclare y amanezca y, al fin, exclaman: ¡que aclare y amanezca en el cielo y en la tierra!» Y en el Génesis: «*Fiat Lux!*» Y la luz fue hecha y Dios la apartó de la oscuridad, «noche».

Dice el *Popol Vuh*: «No habrá gloria ni grandeza en nuestra creación hasta que exista la criatura humana, el hombre formado.» «¡Tierra!» —dijeron—. «Y al instante la Tierra fue hecha.» El orden creacional es idéntico en el Génesis y en el *Popol Vuh*: la separación de las aguas, la creación de la luz, las hierbas y vegetación, los animales y, por último, el hombre. Las coincidencias con la Biblia son aún más asombrosas: Dice el *Popol Vuh*: «De tierra, de lodo, hicieron [los dioses] la carne del hombre.» Y, más adelante: «Éstos fueron los primeros hombres que, en gran número, existieron sobre la faz de la Tierra.» Pero «en seguida fueron aniquilados, destruidos...» «y recibieron la muerte». «Una inundación fue producida por el Corazón del Cielo (es decir, Dios).» «Y un gran diluvio se formó.» «Y esto fue por castigarlos, porque no habían pensado...» «en el Corazón del Cielo, llamado Huracán. Y, por este motivo, se oscureció la faz de la Tierra y comenzó una lluvia negra, una lluvia de día, una lluvia de noche». Aquí tenemos el diluvio. Nada menos que el diluvio bíblico, del que hay constancia igualmente en otros antiquísimos textos no precisamente cristianos.

Otros datos especialmente estremecedores, por no entenderse cómo la tradición judeocristiana y la maya han podido conjuntarse en este asunto, es la del Ángel Caído. El *Popol Vuh* aclara muy bien que este episodio aconteció antes de la creación del hombre, pero muy próximo a ello. Esto está claro cuando dice: «Había entonces muy poca claridad sobre la faz de la Tierra. Aún no había Sol. Sin embargo, había un ser orgulloso de sí mismo que se llamaba Vucub-Caquix, a quien el primer traductor de este texto, el dominico fray Francisco Ximénez, identifica con Lucifer y, cualquier persona medianamente letrada en las Sagradas Escrituras, descubre la historia del ser glorioso anterior al hombre que, por creerse igual al propio Dios, es separado de la corte celestial y precipitado a los abismos.

¿Cómo, dónde, cuándo y por qué se apartaron las tradiciones culturales de estas dos ramas —la judeocristiana y la maya— procedentes de un tronco común que es de todo punto de vista evidente?

Dicen los historiadores de las muy diversas culturas que actualmente se agrupan bajo la denominación común de mexicanas —pero que antiguamente no tenían nada de común entre sí— que los mayas desconocían y no practicaban los sacrificios humanos hasta que fueron invadidos militar y culturalmente por los toltecas que fueron quienes introdujeron en una civilización muy anterior a la propia esta cruelísima práctica religiosa cuyo primer antecedente escrito conocido es el del fallido sacrificio humano de Isaac por su padre Abraham. Sea como fuere, en la totalidad de los templos ceremoniales mal llamados pirámides (pues al tener cuatro lados no corresponden a dicha figura geométrica como en los egipcios), el caso es que todos estos monumentos tienen en la parte superior un templete denominado teocalli que significa «casa de Dios». Los propios toltecas erigieron (con mucha anterioridad a la llegada de los aztecas al valle de México) una magna ciudad religiosa denominada Teotihuacán, que significa, «posesión de Dios». En lengua náhuatl la palabra Dios se dice Teolt, casi igual que en griego del que deriva el Deus de los latinos y el Dios de los hispanohablantes, palabra probablemente derivada del sánscrito, madre de las lenguas indoeuropeas, nacida en la India de los vedas con derivaciones por caminos inescrutables a las razas pobladoras de la América precolombina. Observemos el prefijo teo, que en griego significa Dios. Teófilo, a quien dirige san Pablo una de sus epístolas, se ha discutido desde la más antigua tradición cristiana si era un nombre propio o significaba que el destinatario de la misiva era metafóricamente Teo-filo, el amigo o los amigos de Dios, es decir, la comunidad de las iglesias cristianas. Teología, teodicea, teosofía. Teodoro, Teodosio, y el citado Teófilo, son palabras derivadas de Teo, Dios, y he aquí que el mismo prefijo Teocalli y Teotihuacán significa en las lenguas mesoamericanas casa de Dios y posesión de Dios. ¿No es ello tan asombroso como la semejanza del *Popol Vuh* y el Génesis?

En numerosos ensayos y escritos he rechazado la hipótesis «tradicional» que supone que América fue poblada exclusivamente a través del estrecho de Behring por tribus cazadoras que pasaron de la península de Kamchatca, en Asia, a la de Alaska, en América, tribus que, a lo largo de los siglos, se expandieron por el continente y desarrollaron *in situ* culturas autóctonas.

Discrepo de esto. Hubo, evidentemente, migraciones

espaciadas y muy diversificadas entre sí que llegaron al continente americano a lo largo del Neolítico superior y a través del Pacífico, trayendo consigo esbozos de técnicas, conocimientos y creencias que más tarde se desarrollaron en tierras americanas con originalidad propia. Pero son ya muchos los datos que se van acumulando para confirmar la no espontaneidad de las civilizaciones americanas (olmecas, mayas, incas...), sino una filiación directa con otras culturas primitivas: asirias, egipcias, hebraicas, tibetanas.

De todos los misterios que envuelven a estas migraciones, el de los mayas es, acaso, el más fascinante. Y el *Popol Vuh* o su libro sagrado, el hilo más interesante, como el de Ariadna, para llegar al final del oscuro laberinto.

VI. LAS CANARIAS, CASI AMÉRICA

Las Canarias constituyen un misterio geológico. No sólo el clima y la vegetación parecen un duplicado de las lejanas Antillas americanas, sino que su etnia aborigen —los indios guanches— son como un calco de las primitivas razas caribeñas. A pesar de su proximidad al continente africano, la flora canaria es tan disímil a la marroquí, saharahui o mauritana (por citar las más próximas) como semejante a la antillana. Y los mismo ocurre con la raza y el lenguaje. Son infinitas las palabras americanas de origen náhuatl, quechua o guaraní, de la misma raíz que «guan-che», el indio tinerfeño, o que «Guan-arteme», título común a los reyezuelos o caciques de Gran Canaria. Las palabras «guan-coche», «guan-cocho» y «gua-ganche», tan semejantes al «guanche» canario, la primera significa en las Antillas menores una materia textil semejante al cáñamo; la segunda «ancho, holgado», en náhuatl, la lengua de los mexicas; y la tercera es un pez común en todo el Caribe.

Gualeguay es un municipio de Argentina; Guanabacoa, de Cuba; Guanabara, de Brasil; Guanare, de Venezuela; Guanica, de Puerto Rico; Guaranda, del Ecuador; Gualán y Gualaca, de Guatemala. De treinta y cinco vocablos estudiados por Corominas en su *Diccionario etimológico de la lengua castellana,* cuyo prefijo es «gua» o «guan», veintiséis son de origen americano. Y son infinitas las que en América tienen esta misma raíz.

Todo cuanto digo es anticientífico o, por mejor decir, contrario a la ciencia oficial. Cuantos tratados he leído atribuyen a los canarios un origen bereber. Sólo el *Diccionario Hispanoamericano*, de 1887, que dirigió Menéndez Pelayo, alude vagamente a una posible relación con la Atlántida legendaria, el continente interoceánico sumergido. Y cuando Colón en el *Diario* de su viaje descubridor quiere describir a los indios de la primera isla americana en la que desembarcó (que por cierto se llamaba Guan-ahaní) no se le ocurre comparar el color de su piel con la de los bereberes, sino que dice textualmente: «No son negros como los de Guinea sino del color de los canarios...»

Sea lo que fuere, la primera vez que pisé las Antillas, creí reconocer las Canarias; y cada vez que vuelvo a Canarias me parece encontrarme en América: la América isleña, antillana, caribeña, tropical, situada en la margen opuesta de las Afortunadas. La creencia de los geólogos de que en la noche de los tiempos lo que hoy denominamos América se separó del continente euroasiaticoafricano, la hipótesis legendaria de la Atlántida en el espacio intermedio entre Euroáfrica y el continente desgajado o interoceánico, me ha inquietado desde entonces. Y como mera intuición o sueño, no avalado con investigación alguna sobre el tema (y en contradicción con los estudios en boga), las Canarias se me antojan trozos de la América fugada que quedaron de este lado del mar: piezas americanas de un gran rompecabezas geológico extraídas del lugar que les estaba asignado.

El mar de los Argazos constituye uno de los fenómenos más interesantes y misteriosos del Atlántico. Súbitamente, los buques que se aproximan a él deben aminorar su marcha. El agua está cuajada de tal cantidad de insólita vegetación que hasta en sus ramajes anidan cangrejos y caracolas. La calma del mar, la ausencia de viento es tan grande, y la vegetación flotante tan espesa, que se diría estar en tierra navegando sobre un bosque recién talado y en un valle protegido de la violencia de los elementos. En el *Diario* de su primer viaje, Colón no da a este mar el nombre con el que ahora se le conoce, pero sí cita la desesperación de los pilotos de las tres carabelas ante la ausencia de viento que les impedía avanzar. De nuevo la fantasía ha de dispararse para explicar lo inexplicable. Hay quien supone que los restos que flotan sobre las aguas son vestigios del viejo continente sumergido. Mas, ¿por qué las corrientes no los dispersan cual si no quisieran apartarse de las ciudades y bosques ubérrimos de la civilización perdida? Tan espesa es la fronda flotante que causa sorpresa no ver saltar, de rama en rama, las ardillas.

VII. COLÓN: EL ENIGMA DE LOS ENIGMAS

Toda América es enigma. Enigmáticas las protuberancias y concavidades de sus costas atlánticas, que parecen coindicir —como las aristas de un *puzzle*— con sus contrarias en euroáfrica, cual si en tiempos inmemoriales un cataclismo universal la hubiese desgajado de su tronco primigenio; sorprendente la afirmación de los geólogos modernos que aseguran que las costas americanas se siguen apartando unos milímetros cada año de las del Viejo Continente; misteriosa e incomprensible la teoría que lo sustenta. Compleja y alucinante la alusión luliana al «continente, que se supone haber en las regiones opuestas» del oeste. ¿Quién lo suponía, desde cuándo y por qué? En un capítulo de esta obra se alude a «la memoria de otra memoria, como si un árbol recordara la semilla del árbol del que nació». Pero si el cataclismo que escindió las tierras de la Tierra se produjo antes de la aparición del hombre, ¿cómo pudieron los humanos recordar —ni siquiera intuir— aquel desdoblamiento? ¿Es que acaso hubo en verdad viajes prehistóricos? ¿Las inscripciones célticas son por tanto verdaderas y no producto de fantasías criptográficas de Barry Fell?

¿Cómo se pobló el Nuevo Mundo? ¿Cuál es el origen de la apabullante semejanza del arte maya con el chino y de las pirámides truncadas de México y Centroamérica con las de la frontera libio egipcia? ¿Hubo, pues, migraciones africanas? De todo esto hemos hablado en páginas anteriores y algunas de las explicaciones dadas son tan verosímiles que rayan, arañan, algo muy parecido a la verdad. Mas no hay verdades a medias. O es o no es. Y lo que se vislumbra como cierto sigue difuminado por una vaga calina como esos horizontes en los que no se sabe con certeza dónde empieza el cielo y termina el mar.

Con todo, el mayor de los enigmas corresponde a todo lo relacionado con el hombre que descubrió el objeto que tanto nos inquieta.

La incógnita de la primera isla descubierta por los españoles en aguas del continente americano no es más que uno de los muchos secretos que el destino parece haberse esforzado en acumular en torno a la obra y la figura de Cristóbal Colón.

Todo cuanto rodea la investigación colombina (y muy especialmente la de aquellos pliegues ocultos que con más afán han pretendido ser desplegados) es paradójico, inquietante, desconcertante e incierto.

La pasión de los historiadores al defender sus contradictorias hipótesis; la multiplicidad de las mismas; la no aparición, o la pérdida casual, o en algunos casos la voluntaria destrucción de documentos que hoy serían esclarecedores, y, por último, la ocultación de la verdad en los propios escritos del almirante han cegado de tal modo las fuentes investigadoras, han embrollado a extremos tales los dilemas, que incluso los dos polos, cuna y sepulcro, que limitan el eje de su existencia, son, en Colón, hipotéticos, presumibles y discutidos.

Respecto a los orígenes, digamos tan sólo que para interpretar la tenaz supresión de toda referencia a su pasado, todo es conjeturable y, por ende, toda interpretación es lícita. La hipótesis hebraizante no se puede descartar de un plumazo. ¿Era Colón judío, hijo o nieto de conversos, o converso él mismo, en vísperas de que los de su raza fuesen expulsados de España? A las muchas razones aportadas por Madariaga y por otros añadiré que su principal mentor en la corte de los reyes fue mosén Luis de Santángel, hebreo por todas sus ramas, y que el ardor religioso desplegado por el almirante en sus escritos es tan exaltado que antes se asemeja al fervor de un neófito que al razonamiento de un teólogo. Atribuir sus silencios a un turbio pasado inconfesable, como el comercio de esclavos en Guinea o haber practicado el corso en el Mediterráneo contra naves comerciales tampoco es desechable, puesto que todo lo ignoramos respecto a su nacimiento y primera juventud. Tampoco disparatan los que afirman que para eludir de su copiosísima correspondencia toda alusión a sus primeros años le bastaba al descubridor (que ocupaba el primer rango protocolario en la corte después de la real familia) la humildad de sus orígenes de modesto fabricante de tejidos o de comerciante en paños por los puertos del Adriático o del Egeo. Pero la hipótesis radicalmente opuesta tampoco es inverosímil. Según estos decires, Colón era pariente bastardo del rey católico. Sobrino, por más señas, por parte de padre. Juan II de Aragón tuvo un hijo de su primer matrimonio que recibió el título de príncipe de Viana y fue jurado por las cortes de Pamplona como heredero del trono de Navarra. Muerta la madre del príncipe, Juan II casó en segundas nupcias con Juana Enríquez, con la que tuvo un hijo que sería al correr del tiempo, el rey don Fernando. No voy a contar aquí, por extenso, este interesantísimo episodio de la Corona de Aragón sino sólo en lo que nos atañe. Declarada la guerra civil, el príncipe de Viana (hermano de padre de don Fernando) fue apresado y recluido en diversos lugares. Entre otros, en el castillo de San Salvador de Puerto Colón en la isla balear de Mallorca. El príncipe tuvo amores con una humilde mujer del pueblo, apellidada Colón, como su ciudad, y tuvo con ella varios hijos: Bartolomé, Diego y Cristóbal, el futuro navegante (tres nombres típicamente mallorquines). Este Cristóbal sería, por tanto, sobrino del rey católico. Y ello justificaría, primero: que Colón bautizara la primera isla descubierta con el nombre de San Salvador, que fue el castillo-prisión en que nació; segundo, la facilidad con que el rey le concediese honores tales como el llevar la rienda derecha de su caballo, con preminencia sobre el gran almirante de Castilla, que llevaba la izquierda; tercero, tener los Colón, en su escudo, las barras de bastardía, que serían harto honrosas en su caso, por tratarse de una bastardía real.

Lejos de rechazar ninguna de estas suposiciones, afirmo que todas ellas son posibles, pues Colón, que triunfó en tantas cosas, también acertó en crear una espesa cortina de humo sobre su cuna y pañales. Y una espesa muralla de piedra sobre sus primeras andanzas en la vida. Mas no siempre es Colón —insisto en ello— cómplice de sus enigmas, pues si de la incertidumbre de su cuna son responsables sus silencios al respecto, y éstos a su vez pueden explicarse por el abanico de hipótesis expuestas, ¿a quién achacaremos la culpa de las dudas no del todo injustificadas, como ahora veremos, en torno a su sepultura?

He aquí un pleito en el que no pudo, después de muerto, intervenir el almirante. Que existan puntos indescifrados concernientes a su último destino corporal, no puede explicarse, si no es resignándonos a la evidencia, de que a un sino tan adverso como tenaz le plugo proyectar humo y sembrar perplejidades, contradicciones y conjeturas sobre las huellas del hombre, después de Cristo, más famoso de la Historia.

Como anticipo del enigma por excelencia que será el tema de este comentario final, y como para abrir boca y hacer el paladar a la degustación de otros equívocos, enredos y galimatías, digamos algo de esta sima de perplejidades (más honda cuanto más se ahonda), en donde están sepultados, a fuer de paletadas de afirmaciones falsas e interpretaciones audaces, los restos mortales de Cristóbal Colón.

Hasta los párvulos saben que Colón falleció (1506) en Valladolid, donde fue inhumado en el convento de franciscanos. Mas lo que no saben los párvulos, ni muchas personas cultas —pues a partir de aquí no son unánimes las opiniones de los eruditos—, son los avatares sufridos por el cuerpo muerto del almirante en busca de su último destino.

Lo de último destino no deja de ser un piadoso eufemismo, un modo de decir lo que no es, ya que los desplazamientos de sus mortales despojos fueron tantos como sus viajes en vida: cuatro. En efecto: de Valladolid fueron trasladados a la cartuja de Santa María de las Cuevas, a extramuros de la ciudad de Sevilla (viaje número uno), en espera de ser conducidos a la isla antillana de Santo Domingo (viaje número dos), obedeciendo así sus fervientes deseos expresados en vida. Mas he aquí que en 1795 España cede a Francia la parte de la isla en que reposaban tan ilustres cenizas, y el teniente general de la Armada y prudente vascongado don Gabriel de Aristizábal, que mandaba la escuadra en aquella zona, cumpliendo instrucciones de quienes no podían sufrir se perdieran para España tales reliquias, las embarcó en un buque bautizado —hermosa coincidencia— *El Descubridor*, para llevarlas a La Habana (viaje número tres), donde reposaron hasta su traída a Sevilla (viaje número cuatro) al perderse para España los últimos jirones de las tierras que aquellas luminosas cenizas, cuando eran un hombre oscuro, descubrieron; donde desde entonces descansan en la catedral que erigió san Fernando, presentando armas junto a su tumba la torre de la Giralda.

El duendecillo maléfico, encargado por el azar de tergiversar y confundir las huellas de Colón vivo, no quiso descansar con las de Colón muerto, y se sirvió para sus malignas prestidigitaciones nada menos que de un enviado del Papa. No habían transcurrido ochenta y dos años del tercero de los traslados (de Santo Domingo a Cuba) cuando el vicario y delegado apostólico, monseñor Roque Coccia, se sintió secretamente impulsado a realizar determinadas excavaciones en la catedral dominicana, Primada de América, que dieron por fruto el descubrimiento de un cofre, de muy reducidas dimensiones, en uno de cuyos laterales hay la siguiente turbadora inscripción: «ÚLTIMA PARTE DE LOS RESTOS DEL PRIMER ALMIRANTE DON CRISTÓBAL COLÓN», así como otras palabras que el paso del tiempo ha hecho ininteligibles. Inscripción —anticipemos esto— que don Baltasar Cuartero y Huerta ha definido en nuestros días lisa y llanamente como una superchería, amañada por los mismos que descubrieron el cofre.

Excusado es decir que el sacerdote italiano —fogoso como italiano y, como sacerdote, amante de proselitismo— no paró en barras, hasta acusar de falsos, en una celebérrima pastoral, los restos que yacían en Cuba, del mismo modo que el español don Manuel Colmeiro acusó de apócrifos a los conservados en Santo Domingo, recién hallados por el vicario apostólico.

Interviene el Gobierno de don Alfonso XII, por mediación de don Antonio Cánovas del Castillo, pidiendo a la Academia que se pronuncie; niega ésta la autenticidad de las cenizas que airea el padre Coccia, y responde éste con una obra notabilísima por su pasión y su confusión: «Los restos de Cristóbal Colón en la catedral de Santo Domingo, contestación al informe de la Real Academia de la Historia al Gobierno de Su Majestad el Rey de España.»

Y así llegamos casi a nuestros días, cuando en el año 1950 se produce una curiosísima e inquietante derivación del problema. Después de haber proliferado en este tiempo, con admirable fecundidad, las tumbas y los restos del primer almirante de la Mar Océana, y sostener don Niceto Ducca, en una conferencia notable por su intrepidez, pronunciada en 1911, sin inmutarse, que tales restos siguen en Valladolid; he aquí que en la cartuja de Santa María de las Cuevas, a extramuros de la ciudad de Sevilla (en la misma capilla donde se verificó el segundo enterramiento del descubridor, recién traído de la capital castellana, y de donde no constaba más que por una clamorosa tradición, mas no por documentos fehacientes que fuera removido su cuerpo) aparecen unos nuevos restos de Cristóbal Colón.

La cartuja de Santa María de las Cuevas, como tantas otras de la orden que fundara san Bruno, fue víctima de la desamortización. Hoy día está convertida en fábrica de loza. Era a la sazón presidente del consejo de la sociedad propietaria de esta fábrica don Carlos Serra y Pickman (marqués de San José de Serra, miembro de número de la Academia Sevillana de Buenas Letras y director de la de Bellas Artes, hombre culto, discreto, muy querido en su ciudad y del máximo prestigio intelectual y social) y era consejero-delegado de la misma entidad, cuando aparecieron los restos de que hablo, don José María Piñar y Mihura, alcalde por entonces de Sevilla. Acompañado de tan ilustres anfitriones penetré en el asombroso recinto para ver por mis propios ojos el inquietante descubrimiento.

Multitud de operarios, sobre el presbiterio de la nave central, o bajo los nervios de una bóveda de crucería, o en los huecos que otrora ocuparon las sillas del coro, o sentados entre la curvatura del ábside, o encaramados en lo que fueron peldaños de un púlpito, amasaban la arcilla, movían con golpes rítmicos del pie el tabanque de madera que hace girar el torno, o alisaban con la badana de la alpañata las piezas con el barro aún tierno y húmedo de su estructura. Las celdas de los monjes almacenaban el material: aquélla, el caolín, y ésta, el gres, esotra, piezas de repuestos para tornos y caballetes. Y en las sacristías, cual soldados de distintas armas listos para un desfile, se alineaban vasijas, terracotas, botijos, vajillas, ollas, lujosas bandejas de adorno y cacharros de baratillo. Junto a una de estas piezas laterales de la iglesia, por una escalera cegada durante siglos por el cieno de una riada del Guadalquivir, y descubierta muy pocas semanas antes, se descendía a una cripta, cavada exactamente bajo la nave central; y allí, dando frente al altar mayor, entre unas maderas putrefactas y vencidas —como un pequeño buque con las cuadernas desvencijadas—, yacía el esqueleto de un hombre al que le faltaban los pies.

Confusos y admirados mis acompañantes y yo permanecimos largos minutos ante aquellos restos sepultados en el lugar de honor de la cartuja y lejos de los nichos donde se inhumaban los monjes. Los antropólogos —me dijeron— cifraban en algo más de cuatro siglos la antigüedad de los restos. Estábamos en la cripta en que fueron enterrados al menos tres Colones: Cristóbal, el Descubridor; su hermano, Bartolomé; Diego, su hijo. Volvimos a plantearnos la duda que ha hecho suya el profesor Giménez Fernández. ¿Dónde consta que Colón fuera trasladado a la isla de Santo Domingo? Aún faltaban trece años para que don Baltasar Cuartero y Huerta aportase documentos inéditos, de un valor casi definitivo, para creerlo así. Pero ni entonces existía, ni ahora existe, la prueba de pruebas, la certitud de certitudes: el documento de embarque. En el Archivo de Indias, donde se detalla, buque por buque, no sólo los nombres, filiación y origen de cada hombre o mujer, sino las yeguas, las merinas (y de éstas, cuáles eran «palomas» o «blancas», y cuáles eran «caretas» o «manchadas»), y los esquejes de rosal, y los tejidos u ornamentos, y las vajillas, y las simientes, y las armas, y los encajes que pasaban a las Indias, no hay referencia alguna del transporte de los huesos de Colón, o, si la hay, no ha sido encontrada, lo que no deja de ser turbador e increíble, tratándose de quien se trata. De la expedición que zarpó de Sanlúcar de Barrameda el 6 de abril de 1538, en una de cuyas naves iba doña María de Toledo, nieta política del almirante, y a quien se atribuye el traslado de los restos de Colón a Santo Domingo, lo sabemos todo: el número de tripulantes, 950; los nombres de las naves: *San Cristóbal, Magdalena, La Concepción, Buena Fortuna, Santa Bárbara, San Antón*... cuál era la capitana (la *San Cristóbal*); qué toneladas tenía: 800; quién la mandaba (don Hernando de Soto); cuál de estos navíos era galeón, cuál galeoncillo, cuál carabela, cuáles bergantines. Sabemos los sucesos que les acontecieron en la mar, el itinerario que siguieron y la fecha de llegada: 20 de mayo de 1538. Lo que no sabemos es de referencia alguna a la presencia en una de estas naves de cofre o urna que contuvieran las gloriosas cenizas del almirante. Y no olvidemos que en Santo Domingo se hallaba el cronista Fernández de Oviedo, de quien escribe el señor López Prieto en 1878: «Que parece no dio importancia a este acontecimiento (el acontecimiento era la llegada a Santo Domingo en el equipaje de doña María de Toledo de los restos de Colón) cuando de su pluma no se conoce nada sobre este particular.»

Perdónesele a este cronista que hoy escribe reinvindicar a cuatro siglos de distancia la «honorabilidad profesional» de su lejano colega Fernández de Oviedo. Si el cronista Fernández de Oviedo hubiese recibido en Santo Domingo los restos del almirante, no sólo no lo habría silenciado, sino que hubiera escrito las mejores páginas que salieron de su pluma.

¿Se me permite repetir ahora, quizá con más autoridad, que todo cuanto rodea la investigación colombina es paradójico, inquietante, desconcertante e incierto? Al esqueleto que observamos le faltaban los pies...

Alguien recordó la inscripción del pequeño cofre descubierto por el padre Coccia en la catedral de Santo Domingo: «ÚLTIMA PARTE DE LOS RESTOS DEL PRIMER ALMIRANTE DON CRISTÓBAL COLÓN»... ¡Última parte!... ¿Había, pues, dos partes? ¿Habían sido, por ventura, «partidos»? ¿Conservados, quizá, la «parte principal» en la cartuja en que fueron enterrados y remitidos solo sus pies, «la última parte», como dice la inscripción del cofre, a la catedral de la isla entrañable donde él quiso ser enterrado?

Me urge anticipar que no defiendo esta hipótesis; que no la desecho tampoco; sino que la expongo simplemente para abrir boca —como antes dije— e ir haciendo el paladar a la degustación de otros enigmas y perplejidades de los muchos que rodean a este asombroso sujeto, de tan buena estrella como mala fama, injerto de aventurero e iluminado, que encarna la paradoja de haber sido odiado por sus contemporáneos y admirado en plenitud de justicia por las generaciones de las generaciones, en pueblos que se disputan por igual su cuna y su sepulcro.

Índice onomástico

Abraham: 198.
Abrantes, duques de: 171.
Acnam: 94.
Acosta, José de: 44, 84.
Aguado, Juan de: 142, 143, 144, 145, 155.
Aguilar, Jerónimo de: 176, 177, 178.
Aguirre, Francisco de: 163.
Ahalcana: 94.
Ahalpuh: 94.
Akuvitz: 95.
Alamán, Lucas: 170.
Álamo, Néstor: 45, 47.
Alejandro Magno: 169, 171.
Alfonso V de Aragón: 53.
Alfonso XII de España: 210.
Alvarado, Pedro de: 181.
Álvarez, Fernando: 74.
Álvarez Chanca, Diego: 67, 68, 80, 142.
Álvarez Gato, Juan: 52.
Anglería, Pedro Mártir de: 67, 75.
Arana, Diego de: 80.
Argantonio: 23.
Aristazábal, Gabriel de: 209.
Armstrong, Tony: 133, 134.
Arquímedes: 105.
Ataúlfo: 171.
Ávila, Sancho de: 102.

Balam-Tamazul: 94, 95, 97, 98, 99, 100.
Balboa, Vasco Núñez de: 102.
Balmaseda, José Manuel: 163.
Barandán, san: 31, 32, 33, 37, 59, 60.
Bastidas, Diego: 110, 159.
Behaim, Martin: 41, 59, 60.
Benavente, Toribio de: 167.
Bermúdez, Juan: 43.
Bobadilla, Francisco de: 111, 144, 145, 153, 154, 155, 159.
Borrell, Pedro J.: 116, 122, 135.

Bowden, Tracy: 133, 134, 135, 136.
Breyssig: 104.
Bruno, san: 210.
Buil, Bernal: 142, 143.

Caballería, Luis de la: 53.
Calderón de la Barca, Pedro: 68.
Calvo, Luis: 39.
Campos, Juan de: 114.
Cano de Saavedra, Juan: 171.
Cánovas del Castillo, Antonio: 210.
Carlos I de España y V de Alemania: 75, 164, 178, 186.
Carlos II de Inglaterra: 116.
Casas, Bartolomé de las: 53, 66, 67, 68, 150, 151, 155, 174.
Cavizimah: 94, 97, 98, 100.
Cerda, conde de Medinaceli, Luis de la: 50.
Cervantes y Saavedra, Miguel de: 68, 105.
César, Cayo Julio: 169, 170.
Cetina, Gutierre de: 122.
Cicerón, Marco Tulio: 105, 120.
Cid Campeador, Rodrigo Díaz de Vivar, *llamado*: 113.
Cisneros, Francisco Jiménez de: 101.
Coccia, Roque: 209, 210, 213.
Cocoha: 94.
Colmeiro, Manuel: 209.
Colón, Bartolomé: 67, 111, 143, 144, 147, 148, 149, 150, 207, 211.
Colón, Cristóbal: 15, 36, 41, 42, 43, 44, 45, 46, 49, 50, 51, 52, 53, 54, 55, 56, 57, 60, 61, 62, 63, 66, 67, 68, 69, 71, 72, 73, 74, 75, 76, 78, 79, 80, 81, 89, 101, 105, 109, 110, 111, 113, 141, 142, 143, 144, 147, 148, 151, 153, 154, 155, 159, 202, 205-213.
Colón, Diego: 142, 143, 144, 207, 211.

215

Colón, Fernando: 151.
Colón, Hernando: 67, 154.
Colón, Luis: 110.
Corojon-Amac: 94.
Corominas, Joan: 201.
Cortés, Hernán: 65, 88, 102, 167, 169-172, 173-187.
Cortés, Leonor: 171.
Cosa, Juan de la: 46.
Cotuha: 94, 97, 98.
Coussin, Jean: 28.
Cousteau, Jacques: 115.
Cozco, Leandro de: 66.
Cristo: 19, 65, 105, 208.
Cuartero y Huerta, Baltasar: 209, 211.
Cuchumachic: 94.

Chamiabac: 94.
Chamiaholom: 94.
Christian de Dinamarca: 37.
Chuchumachic: 92, 93.

Dante Alighieri: 16, 17, 18, 19, 21, 25, 81, 105.
Dati, Giuliano: 71.
Deoporto, Severiano: 45.
Descartes, René: 105.
Díaz del Castillo, Bernal: 65, 68, 176, 177, 180, 184, 190.
Díaz de Solís, Juan: 110.
Donovan, Frank: 38.
Drake, Francis: 158.
Ducca, Niceto: 210.

Elcano, Juan Sebastián: 164, 165, 166, 167.
Elías, profeta: 23, 24.
Enjarada, condes de la: 171.
Enrique VIII de Inglaterra: 101.
Enrique el Navegante: 41.
Erik el Rojo: 27, 28, 32, 35, 36.
Errazuriz Echaurren, Federico: 163.
Escobedo, Rodrigo de: 80.
Euclides: 105.
Eva: 190.

Felipe II de España: 159, 166.
Felipe V de España: 138, 139, 140.
Fell, Barry: 22, 23, 24, 25, 205.
Fernández, Pedro: 43.
Fernández del Castillo, Francisco: 170, 185, 186.
Fernández Navarrete, Martín: 53, 54, 66, 67, 72.

Fernández de Oviedo, Gonzalo: 66, 67, 68, 144, 145, 150, 154, 212.
Fernández-Shaw, Carlos: 103.
Fernando II de Aragón el Católico: 41, 49, 51, 67, 73, 77, 101, 103, 119, 154, 207.
Fídias: 105.
Fineman, Herbert: 28.
Fonseca, Juan: 178.
Foxá, Agustín de: 110.
Francés, Pedro: 43.
Franco, Antonia: 138.
Frovisher: 36.

García, Miguel: 153, 154, 155.
García Herrera, Diego: 43.
García Icazbalceta, J.: 186.
Garcilaso de la Vega: 68.
Gatonni Celli, Mario: 28.
Giménez Fernández, Manuel: 211.
Giraldi, Pedro: 71.
Goethe, Johann Wolfgang: 105.
Gomera, condes de: 45.
Gómez Tabanera, profesor: 36.
González, Antonio: 66.
Gracián, Baltasar: 51.
Gran Khan: 51, 52, 58, 60, 61, 64.
Gregorio el Magno, san: 77.
Grijalva, Juan de: 175.
Gucumatz: 94.
Guerrero, Gonzalo: 176.
Gumilla, padre: 44.
Gutiérrez, Pedro: 80.
Gutiérrez de Cetina: *véase* Cetina, Gutierre.

Herbas y Panduro, Lorenzo: 85, 91.
Hernández de Oviedo, Gonzalo: 75, 76, 77.
Hernández Puerto Carrero, Alonso: 178.
Herodoto: 23.
Hkvitz: 94.
Homero: 17.
Hui-Pil-Ic: 93.
Hun-Camé: 94, 95.

Ingstad: 39.
Infantado, Duques del: 66.
Inocencio XIII: 138.
Isaac: 198.
Isabel I de Castilla la Católica: 41, 49, 51, 54, 62, 67, 73, 77, 80, 101, 103, 105, 119, 151, 154.
Isabel I de Inglaterra: 158.

Ixhunalhpu-Ixbalanqué el Joven: 94.
Ixbalanqué el Viejo: 94, 97, 98.

Jaime II: 116.
Jasón: 15.
Jonás, profeta: 23.
Juan II de Aragón: 53, 207.
Juan II de Portugal: 59.
Juan de Castilla, príncipe: 77.
Juan Evangelista, san: 65, 196.
Juana Enríquez: 207.
Julián: 190.
Junco, Alfonso: 170.

Karlsefni, Thorfin: 31, 32, 39, 59.
Knuth, Eigil: 28.
Kolmo, Jan de: 28.

Landa, Diego de: 191, 192.
Larraín: 163.
Ledesma, Pedro de: 147, 148.
Legazpi, Miguel López de: 165, 166.
Loaisa, Jerónimo de: 164, 165.
López de Gómara, Francisco: 52, 61, 68.
López Prieto: 212.
López de Velasco, Juan: 44.
López de Villalobos, Ruy: 165.
Lorenzo, Pedro de: 55.

Llull, Ramon: 16, 21, 25, 49, 80.

Madariaga, Salvador de: 206.
Maeztu, Ramiro de: 167.
Magallanes, Fernando de: 113, 159, 164, 165.
Mahucutah: 92.
Malinche o Marina: 177, 178.
Mandeville, Johan de: 58, 59, 61.
Marcayda, María: 173, 183, 186, 187.
Margarite, Pedro: 142, 143.
María Antonieta de Francia: 190.
María de Toledo: 110, 212.
Mariana de Austria: 165.
Marston, profesor: 27.
Mateo Evangelista, san: 65.
Mauro, fra: 60.
Medina-Sidonia, duque de: 50.
Melchor: 190.
Méndez, Diego: 66, 68.
Menéndez Pelayo, Marcelino: 202.

Miguel Ángel, Michelangelo Buonarroti, *llamado*: 101.
Ming, dinastía: 122, 167.
Moctezuma: 88, 170, 171, 178, 179, 180, 181, 182, 183.
Moisés: 105.
Molière, Jean B. Poquelin, *llamado*: 105.
Montejo, Francisco de: 178, 191, 192.
Montes de Oca, Francisco: 45.
Morgans, Henry: 158.

Napoleón I Bonaparte: 120.
Narváez, Pánfilo de: 175, 179, 180, 181, 182, 183, 187.
Nebrija, Antonio Martínez de Cala, *llamado* Elio Antonio de: 101.
Nerón, emperador: 15.
Niño, Alonso: 43, 46.
Niño, Andrés: 46.
Niño, Cristóbal: 46.
Niño, Francisco: 46.
Niño, Franco: 46.
Niño, Juan: 46.
Niram: 91.

Oblanca, Gonzalo de: 181.
Ojeda, Alonso de: 110.
Ordaz, Diego de: 176.
Ortega y Gasset, José: 104.
Ortuzar: 163.
Ovando, Nicolás de: 101, 102, 109, 110, 111, 148, 149, 150, 154, 155.

Pablo de Tarso, san: 198.
Painter, profesor: 27.
Pascual, san: 139.
Patan-Quicre: 94.
Paz, Octavio: 170.
Pedro de Alcántara, san: 138.
Peraza, condesa de la Gomera, Inés de: 43, 44.
Pereyra, Carlos: 39, 44, 170.
Pérez Montas, Eugenio: 134.
Pérez Niño, Alonso: 46.
Pérez Niño, Bartolomé: 46.
Pérez de Tudela, Juan: 75, 76.
Pi y Margall, Francisco: 46, 47.
Pinning, Dietrich: 28.
Pinzón, Martín Alonso: 46, 57, 110, 159.
Pinzón, Vicente Yáñez: 46, 57, 110, 159.
Piñar y Mihura, José María: 210.

Pizarro, Francisco: 102.
Pizarro Orellana, Fernando: 44.
Placidia, Gala: 171.
Planes, Miguel de: 71.
Platón: 65.
Plinio el Joven: 65, 67.
Plinio el Viejo: 52.
Polo, Marco: 42, 102.
Ponce de León, Juan: 102, 110.
Porras, Diego de: 67.
Ptolomeo: 59.
Pusa, Pedro: 71.

Quevedo y Villegas, Francisco de: 68.
Quicab: 94.
Quicrixcac: 94.
Quicxic: 94.

Rainer, Frölich: 28.
Raleigh, Walter: 158.
Ramos, Bernardino de: 45, 46, 47.
Recio de Tirteafuera, Pedro: 37.
Ressen (cartógrafo): 32, 37.
Reyes, Alfonso: 170.
Romeu de Armas, Antonio: 33, 45.

Saavedra Cerón: 165.
Salomón: 24.
Sánchez, Alonso: 41-47.
Sánchez, Rafael: 55, 66, 71, 72, 75, 78, 79.
Sandoval, Gonzalo: 179, 180, 181, 182, 184.
Santángel, Juana de: 53.
Santángel, Luis de: 49, 50, 53, 54, 55, 61, 66, 67, 74, 75, 77, 79, 81, 206.
Sanz, Carlos: 71, 74.
Séneca, Lucio Anneo: 15, 16, 19, 21, 25, 32, 80.
Serra y Pickman, marqués de San José de Serra, Carlos: 210.
Serra, Junípero: 102.
Shakespeare, William: 105.
Skelton, cartógrafo: 27, 29, 36.
Smith, Roger C.: 150, 151.
Sócrates: 65, 105.
Solís, Juan Díaz de: 159.
Solís Casquete, capitán: 185.
Soto, Hernando de: 212.
Suárez Marcayda, Catalina: 174, 175, 183, 185, 186.
Suárez Marcayda, Francisca: 187.
Suárez Marcayda, Juan: 173, 174, 183, 186, 187.

Suárez Marcayda, Leonor: 187.
Suárez Pacheco, Diego: 173.

Taine, H. A.: 68, 69.
Talavera, Hernando de: 51, 52.
Taylor, Henry: 121.
Teilhard de Chardin, Pierre: 83, 86, 103, 104.
Tenochtitlán: 182.
Teodosio I: 171.
Teófilo: 198.
Teresa de Jesús, santa: 138.
Tió, Aurelio: 67.
Tiquin: 94.
Tito Livio: 69.
Tohil-Avilix: 94.
Torres, Antonio de: 66, 142.
Triana, Rodrigo de: 18, 154.
Tzacol-Pitolm: 94.

Umbría, Juan de: 43.
Unamuno, Miguel de: 163.
Urdaneta, Andrés de: 166.
Urquieta: 163.

Valdivia, Pedro de: 102.
Valverde Podesta, Manuel: 134.
Vasconcelos, José: 170.
Vázquez de Ayllon, Lucas: 179, 180.
Vega y Carpio, Félix Lope de: 68.
Velasco, Luis de: 165.
Velázquez, Diego: 174, 175, 178, 179, 180, 181, 183, 185.
Viana, Carlos, príncipe de: 207.
Vicuña Cifuentes, Julio: 163.
Vignaud, Henry: 45.
Villahermosa, duque de: 76.
Villavicencio, Juan de: 114, 115.
Virgilio Marón, Publio: 16, 17, 105.
Vitoria, Francisco de: 101, 105.
Vuvub-Cabé: 94, 97.

Watlings: 158.
Windsor, Justin: 28.

Xibalba: 92.
Ximénez, Francisco: 195, 197.
Xiquiripat: 94.

Zempoala, Cacique Gordo de: 175, 181, 183.
Zumárraga, Juan de: 186.

Impreso en Talleres Gráficos
DUPLEX, S. A.
Ciudad de Asunción, 26
08030 Barcelona